QUI A PEUR DE LA MORT ?

RICHARD SIMONETTI

Qui a peur de la mort ?

RICHARD SIMONETTI

Titre original
QUEM TEM MEDO DA MORTE ?
Richard Simonetti

ISBN 9798430199746
Independently published
Dépôt légal : Avril 2022

Nouvelle édition par
l'UNION SPIRITE FRANÇAISE ET FRANCOPHONE
Association loi 1901
59 Route de Saint-Nom
78620 L'Étang la Ville

©2022

Traduction : Claudia Bonmartin
Révisions : Ghislaine Massin
CESAK Paris

https://www.usff.fr

PRÉFACE

A CETTE NOUVELLE EDITION

Chers Lecteurs,

Nous sommes très heureux de remettre à la disposition du public cet ouvrage très populaire paru au Brésil il y a déjà de nombreuses années. Après trois éditions en français proposés par le CESAK Paris (Centre d'études Spirites Allan Kardec), l'Union spirite Française et Francophone vous propose une réédition de cet ouvrage incontournable rempli d'humour, offrant ainsi une vulgarisation très accessible autour du thème majeur de la mort.

Richard Simonetti, auteur incontournable du mouvement spirite brésilien, a déjà publié plus de 40 livres ; et nombreux sont ceux qui, dans ce pays, ont eu l'occasion de profiter de sa culture présentée de manière accessible à toute compréhension, parsemée de beaucoup d'humour.

« Qui a peur de la mort », l'un de ses plus grands succès a été vendu à plus dc 200.000 exemplaires.

Notre but est d'apporter à chacun, des indices, des thèmes de réflexion au travers du prisme spirite, abordant des sujets qui font partie de notre actualité et de notre vie de tous les jours.

Ce livre sera un auxiliaire précieux pour tout ceux qui veulent comprendre simplement le phénomène de la mort, ou bien pour ceux qui souhaitent apprendre à l'expliquer à autrui.

Nous remercions le CESAK Paris, détenteur des droits d'auteur pour la France, d'avoir permis la réédition de cet ouvrage par l'Union Spirite Française et Francophone.

USFF Éditions

Mars 2022

« *Regardons les morts comme des absents en pensant ainsi, nous ne nous tromperons pas.* »

Sénèque

« *La mort n'est que le retour à la vraie vie.* »

Scipion

«*Rien ne périt et rien ne meurt, sauf le revêtement, la forme, l'enveloppe charnelle où l'esprit emprisonné se débat, lutte, souffre, se perfectionne. Meurt la forme - cette carapace - mais l'âme brille - ce gnome de lumière. Qu'est-ce que cette existence du corps - un souffle - devant l'existence de l'âme - l'éternité ? Les morts sommes-nous, les vivants ; des morts dans la vie pour ressurgir vivants dans la mort.* »

Alberto Veiga

UNE CONFÉRENCE APPRÉCIÉE

« Pour s'affranchir des appréhensions de la mort, il faut pouvoir envisager celle-ci sous son véritable point de vue, c'est-à-dire avoir pénétré, par la pensée, dans le monde spirituel et s'en être fait une idée aussi exacte que possible »

Allan Kardec
Le Ciel et l'Enfer, Chap II §4

Il y a quelques années, nous avons réalisé une conférence au « *Centro Espirita Amor e Caridade* » (Centre Spirite Amour et Charité) dans la ville de Bauru, dont le sujet était la mort.

L'exposé était divisé en deux parties. Nous l'avons d'abord présenté sous la forme d'une histoire illustrée avec des diapositives réalisées par Mizael Garbin, de la ville de Mairinque, confrère dévoué à la cause spirite et au travail de sa diffusion. Puis, nous avons répondu aux questions du public.

Nous avons été surpris par l'intérêt des gens. Des dizaines de questions nous ont été posées. Le plus inattendu, c'est que cette conférence nous la reprenions tous les ans, dans ce même local avec une affluence croissante du public. A la dernière présentation, il y avait 750 personnes.

Le même phénomène s'est également produit dans d'autres villes : des salles combles et beaucoup de questions posées. Certaines parmi elles se répétaient quelle que soit la ville, l'Etat ou la région. Elles concernaient le suicide, les accidents mortels, le détachement de l'Esprit, la mort des enfants, la donation d'organes, la crémation, le cimetière, l'euthanasie, l'avortement, l'assassinat, l'imprudence, le vice, la prémonition...

Alors, il m'est venu l'idée d'écrire ce livre où les questions les plus fréquentes sont abordées ; une sorte de petit manuel d'initiation à la connaissance de la mort. Nous voulons qu'il puisse intéresser tout le monde et cela indépendamment de sa croyance, considérant que personne n'échappera au contact direct ou indirect de la mort, sans oublier que nous sommes tous concernés.

En face de nos limites personnelles, mais aussi afin de le rendre accessible à tous les lecteurs, nous avons évité les concepts éminemment techniques ainsi qu'un abord demandant une certaine érudition.

Néanmoins, dans l'essentiel, nous avons gardé une totale fidélité aux principes de la Doctrine Spirite, cette source bénie où nous trouvons l'orientation précise et sûre pour affronter les défis de la vie et les énigmes de la mort.

Bauru, (Etat de Sao Paulo-Brésil), juin 1986

LE BEC DE GAZ

Un homme marchait sur une route déserte à une heure avancée, dans une nuit sans lune et sans étoile... Chemin faisant, il était très inquiet ! En effet, fréquemment à cet endroit, il y avait des voleurs... Tout d'un coup, il s'aperçut que quelqu'un le suivait.

— Bonsoir ! Qui est là ? Demanda-t-il apeuré.

Il n'obtint pas de réponse. Alors, il commença à marcher plus vite mais son persécuteur l'imita. Il courut... L'inconnu aussi. Effrayé, il partit dans une franche cavale, aussi vite que ses jambes le lui permirent. Son cœur « galopait » dans sa poitrine et ses poumons étaient en braise. Il passa devant un bec de gaz où il y avait un peu de lumière et se décida à regarder derrière lui. Comme par enchantement sa peur disparut... Son persécuteur était, tout simplement, une vieille bourrique qui avait l'habitude d'accompagner tous les passants.

Notre histoire ressemble à ce qui se passe avec la mort. L'immortalité est quelque chose d'intuitif chez l'homme. Cependant, nombreux sont ceux qui en ont peur parce qu'ils ignorent son processus et ce qui les attend dans le Monde Spirituel.

Les religions qui doivent les préparer pour la vie d'outre-tombe et leur faire prendre conscience de la survie de l'âme, leur dévoilant le rideau qui sépare les deux mondes, font peu dans ce sens. En fait, elles se limitent à des incursions sur le terrain de l'imaginaire et des suppositions.

Le Spiritisme est le « bec de gaz » qui illumine les chemins mystérieux du retour, en éloignant les craintes irrationnelles et les contraintes qui perturbent. Avec lui, nous pouvons affronter la mort en toute sérénité. Cela est très important, fondamental même, surtout parce qu'il s'agit de la seule certitude de l'existence humaine : nous allons tous mourir un jour !

Notre planète Terre est un atelier pour ceux qui y développent des activités édifiantes en vue de leur propre « rénovation ». C'est un hôpital pour ceux qui essayent de corriger les déséquilibres issus des vices des vies passées. C'est une prison, une expiation douloureuse pour ceux qui sont en processus de rachat de leurs dettes relatives à des crimes commis dans des existences antérieures. C'est une école pour ceux qui ont déjà compris que la vie n'est ni un banal accident biologique ni un simple chemin ou une simple période de récréation. Néanmoins, la Terre n'est pas notre foyer. Celui-ci se trouve dans le Monde Spirituel, où nous pouvons vivre en plénitude, sans les limites que nous impose notre corps physique.

Il est donc raisonnable de nous y préparer, en essayant de surmonter nos peurs et nos doutes, nos inquiétudes et notre ignorance, afin d'être prêts à effectuer un retour heureux et équilibré.

Le premier pas dans ce sens est d'ôter à la mort son aspect funèbre, morbide, redoutable, surnaturel... Il y a conditionnement, depuis des millénaires, dans ce sens. Certaines personnes refusent d'envisager le décès d'un membre de leur famille ou simplement le leur. Elles repoussent à un futur lointain toute possibilité de réflexion sur le sujet. C'est pour cela que lorsque le moment de la séparation arrive, elles sont perturbées.

« Ô mort, où est ta victoire ? Ô mort, où est ton aiguillon ? » demande l'apôtre Paul (1 Corinthiens 15 : 55) pour démontrer que la foi surmonte toutes les peurs et les angoisses de la grande transition. Le Spiritisme nous offre les informations bénéfiques et nécessaires pour que nous affrontions la mort avec suffisamment de force intérieure et de foi. Une foi qui n'est pas la conséquence d'un moment de grande émotion car elle est logique, rationnelle et consciente. Nous parlons de la foi inébranlable de celui qui connaît ce qui l'attend et qui œuvre pour que le meilleur lui arrive.

LE CORPS SPIRITUEL

— Se désincarner !... On dirait une expression de boucher ! Nous disait en rigolant, un ami catholique convaincu.

Et nous, dans le même ton :

— Le boucher, retire la chair et nous, quand nous nous désincarnons, nous nous retirons de la chair. D'ailleurs toi, tu es si maigre que tu ne vas pas te désincarner...Tu vas te désosser. Tu ne quitteras que tes os !

Il est curieux de constater la réticence des gens au sujet de l'expression « se désincarner ». On peut comprendre que le matérialiste ne l'accepte pas car pour lui tout finit dans la tombe... Mais ceci ne devrait pas se produire avec celui qui croit à la survie de l'âme, quelle que soit sa religion. Si nous admettons que notre individualité survit après la mort du corps physique, on est en mesure d'en conclure que la désincarnation s'impose naturellement, pour définir le processus qui libère l'Esprit de la chair.

Pour une meilleure compréhension du sujet, il est indispensable de considérer l'existence du corps spirituel ou périsprit selon l'enseignement des Esprits, dans les questions suivantes du *Livre des Esprits* :

150. L'âme, après la mort, conserve-t-elle son individualité ?

« Oui, elle ne la perd jamais. Que serait-elle si elle ne la conservait pas ? »

- Comment l'âme constate-t-elle son individualité, puisqu'elle n'a plus son corps matériel ?

« Elle a encore un fluide qui lui est propre, qu'elle puise dans l'atmosphère de sa planète, et qui représente l'apparence de sa dernière incarnation : son périsprit. »

La question 135 apporte aussi un éclaircissement :

135. Y a-t-il dans l'homme autre chose que l'âme et le corps ?

« Il y a le lien qui unit l'âme et le corps. »

- Quelle est la nature de ce lien ?

« Semi-matérielle, c'est-à-dire intermédiaire entre l'Esprit et le corps. Et il le faut pour qu'ils puissent communiquer l'un avec l'autre. C'est par ce lien que l'Esprit agit sur la matière, et réciproquement. »

L'homme est ainsi formé de trois parties essentielles :

1° Le corps, ou être matériel analogue aux animaux et animé par le même principe vital ;

2° L'âme, Esprit incarné dont le corps est l'habitation ;

3° Le principe intermédiaire ou périsprit, substance semi-matérielle qui sert de première enveloppe à l'Esprit et unit l'âme et le corps. Tels sont, dans un fruit, le germe, le périsperme et la coquille.

Depuis les âges les plus reculés, on admet l'existence d'un corps extra charnel. Celui-ci est le véhicule des manifestations de l'Esprit dans le plan où il vit et agit. Si le plan est physique, il le lie à la chair ; si le plan est spirituel il est compatible avec les caractéristiques et les êtres de la région où il se trouve.

L'apôtre Paul fait référence au périsprit dans sa seconde Epître aux Corinthiens (12 : 2 à 4) : « Je connais un homme qui, il y a 14 ans, fut enlevé jusqu'aux plus hauts des cieux. (Je ne sais pas s'il fut réellement enlevé ou s'il eut une vision, Dieu seul le sait). Oui je sais que cet homme fut enlevé jusqu'au paradis, (encore une fois je ne sais pas s'il fut réellement enlevé ou s'il eut une vision, Dieu seul le sait) et là, il entendit des paroles qu'il n'est pas possible de répéter et dont il n'est pas permis à un être humain de parler. »

Pendant que la « machine physique » dormait et se reposait, Paul, avec son corps spirituel, se « téléportait » vers les Plans Supérieurs, porté par ses guides spirituels afin de recevoir des instructions. Dans la première Epître aux Corinthiens (15 : 40), essayant peut être de définir la nature de son expérience, il dit : « Il y a aussi des corps célestes et des corps terrestres ; les corps célestes ont une beauté différente de celle des corps terrestres. »

Ces déplacements hors du corps ou dédoublements, ne sont pas le privilège des saints. Toutes les créatures humaines le font, tous les jours pendant leur sommeil, enregistrant quelques fragments sous forme de rêves. Néanmoins, il faut rappeler que la nature de ces excursions est déterminée par nos activités diurnes. Donc, l'homme qui est toujours attaché aux intérêts immédiats, aux plaisirs, vices et ambitions terrestres, totalement indifférent à son amélioration spirituelle et à la discipline de ses émotions, n'a pas la moindre possibilité de vivre les expériences sublimes de Paul.

Nous « mourrons » tous quotidiennement pendant notre sommeil. Mais pour nous « téléporter » en toute sécurité et garder une certaine lucidité dans l'Au-delà pendant ce temps, pour profiter intégralement des occasions d'apprentissage, de travail et d'édification que nous offrent ces expériences, il nous faut, absolument, cultiver les valeurs de l'Esprit pendant les moments d'éveil. Autrement, nous sommes aussi à l'aise dans le Monde Spirituel qu'un poisson hors de l'eau.

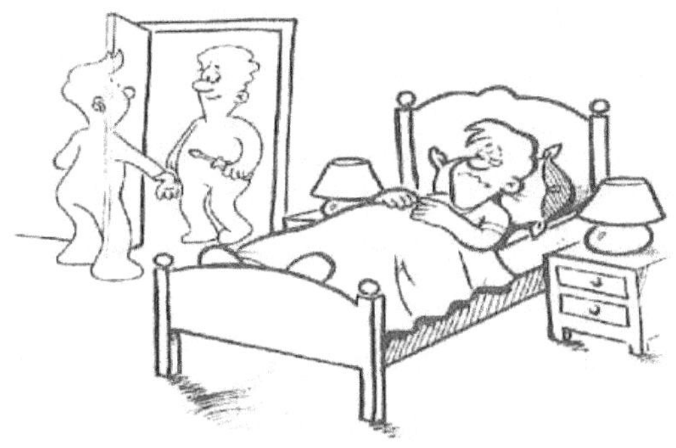

L'AIDE SPIRITUELLE

L'expression « détachement » définit bien le processus de la désincarnation. Pour que l'Esprit se libère, il doit se détacher du corps physique, auquel il se trouve soutenu et lié, depuis toujours, par des cordons fluidiques pour sa communion avec la matière.

Il existe des « techniciens spirituels » spécialisés dans ce travail. Ils s'approchent du mourant et, en utilisant des procédés magnétiques, ils réalisent sa libération. Seuls les individus très évolués, jouissant d'un grand développement mental et spirituel peuvent se passer de cette aide. Donc, on peut en conclure que pour la grande transition, nous avons toujours besoin de cette assistance spécialisée, sans parler de la présence spirituelle des amis et des membres de la famille qui nous ont précédés.

Naturellement, une protection plus ou moins grande est accordée au mourant en rapport direct avec son mérite. S'il est rempli de vertus, il est digne d'une attention spéciale. Et, dès que sa désincarnation est consommée, il est conduit vers des institutions d'assistance de l'au-delà en vue d'une adaptation rapide à la Vie Spirituelle. Par contre, celui qui s'est adonné aux vices et aux crimes, celui dont le comportement a été totalement dépourvu de discipline et de discernement, n'est détaché qu'au moment opportun. Il reste livré à son propre sort pendant un temps indéterminé, dans des régions spirituelles de souffrance qui entourent la Terre, résultantes des émanations mentales des foules d'Esprits incarnés et désincarnés, dominés par les impulsions primitives de l'animalité.

Nous trouvons dans la tradition religieuse l'extrême onction : un prêtre, par le biais d'un rituel et de prières absout, après une confession, le moribond de ses péchés et lui garantit l'entrée heureuse dans l'Au-delà.

La réalité démontrée par la Doctrine Spirite est bien différente. Les formules verbales et les rituels n'ont aucun impact dans le domaine de la Mort. La même chose se passe avec le repentir formel, qui est davantage le fruit de la peur et des sanctions d'outre-tombe que de la conscience de sa propre indigence spirituelle.

Jésus, dans son inoubliable parabole du fils prodigue raconte, que le jeune a choisi de rester loin du confort de son foyer, expérimentant des situations douloureuses jusqu'au moment où il a eu un déclic : l'éveil. Il a reconnu qu'il vivait dans la misère et qu'il était confronté à des privations qui n'existaient pas, même chez le plus humble serviteur de la maison de son père. Alors, il se disposa à reprendre le long chemin de la maison paternelle et à sa grande surprise il fut reçu par son père, le cœur en fête.

Nous sommes tous fils de Dieu, créés à Son image, dotés de Ses potentialités créatrices et intrinsèquement destinés au Bien. A chaque fois que nous parcourons les routes du Mal, nous nous engageons à réaliser de longs stages dans les régions d'expiation du Monde Spirituel, jusqu'à ce que nous reconnaissions notre misère morale, et tel le fils prodigue, et en toute sincérité, reprenions le chemin du Seigneur, recommençant le laborieux parcours de l'amélioration personnelle.

LE DÉLIEMENT

La désincarnation est l'action par laquelle l'Esprit et son périsprit quittent définitivement le corps physique. Ce processus est encore inaccessible à la Science Moderne dans son actuel degré d'évolution, car il est de dimension spirituelle et aucun, ne serait-ce le plus sophistiqué des instruments scientifiques, n'a réussi à le démontrer.

Nous restons donc, circonspects au sujet des informations données par les Esprits confrontés aux difficultés imposées par nos limites (comme par exemple l'explication du fonctionnement du système endocrinologue qui serait donnée à un enfant) et par l'absence de similitude (des éléments de comparaison entre les phénomènes biologiques et les phénomènes spirituels).

Sans rentrer dans les détails, on peut affirmer que la désincarnation débute par les extrémités du corps, et continue au fur et à mesure que les cordons fluidiques reliant l'Esprit au corps physique se détachent.

Nous savons que le mourant a les mains et les pieds froids. Il s'agit d'un problème de circulation sanguine car le cœur affaibli n'arrive pas à bien faire circuler le sang. Mais ceci est dû également au phénomène de déliement. Au fur et mesure que celui-ci se développe, ces points arrêtent de recevoir l'énergie vitale venant de l'Esprit et soutenant l'organisation physique.

Pendant ce processus, au moment du déliement du cordon fluidique au niveau du cœur, celui-ci perd son soutient spirituel et arrête son fonctionnement et par conséquent, celui de la circulation sanguine. De ce fait, la mort survient en quelques minutes.

De nos jours, la médecine dispose de larges ressources pour réanimer le patient qui fait un arrêt cardiaque : le massage cardiaque, les électrochocs, l'injection d'adrénaline. Tous ces moyens ont déjà fait leurs preuves et sauvé des milliers de vies, lorsqu'ils ont été utilisés avant la dégénération des cellules cérébrales par manque d'oxygénation.

Ces secours sont efficaces quand il s'agit d'un problème fonctionnel tel l'infarctus, un empêchement d'irrigation sanguine au cœur, une thrombose ou une réduction de l'artère. L'infarctus peut provoquer la désincarnation mais cela ne veut pas dire que l'heure de la mort est arrivée. La preuve en sont les nombreux cas où l'intervention médicale sauve les patients.

Cependant, l'arrêt cardiaque provoqué par le déliement du cordon fluidique, est fatal et même le médecin le plus habile et les méthodes de la médecine de pointe, ne seront capables de réanimer le patient. Le processus est irréversible.

LE BILAN

L'imminence de la mort provoque un curieux processus de réminiscence. Le mourant, dans un court laps de temps, revit les émotions de toute son existence, se succédant dans sa mémoire tel un prodigieux film avec des images projetées à une vitesse vertigineuse.

Il se met en place une sorte de bilan existentiel, un inventaire de la comptabilité divine définissant la situation de l'Esprit au moment de son retour à la Vie Spirituelle. Face à ses bonnes et mauvaises actions, il réalise que seules comptent les vraies valeurs qui font que «les mites ne mangent pas et que les voleurs ne dérobent pas», celles auxquelles Jésus faisait référence, celles conquises par l'effort dans la pratique du Bien.

Il s'agit aussi d'un mécanisme psychologique automatique pouvant démarrer dans l'intimité de la conscience sans que la mort soit pour autant consommée. Fréquents sont les cas où le « mort » ressuscite spontanément au moyen de recours variés.

Il y a de plus en plus de médecins, aux Etats-Unis, en Europe et un peu partout dans le monde, qui font des recherches sur ce sujet. Le grand pionnier a été le Dr Raymond A. Moody Junior avec son livre « La vie après la vie » où il décrit ses expériences avec des personnes considérées comme cliniquement mortes.

Il faut remarquer que ses récits confirment les informations apportées par les enseignements spirites. Les interviewés font référence à ce bilan qu'ils font sur leur existence. Ils parlent aussi des thèmes très chers au Spiritisme tels le corps spirituel ou périsprit ; la difficulté de comprendre sa condition de « mort » ; la facilité de « sentir », de capter la pensée des gens ; la possibilité de voler avec une incroyable sensation de légèreté ; la vision de leur corps et les impressions extrêmement désagréables de ceux qui ont tenté de se suicider.

Ces recherches nous révèlent que ces phénomènes sont fréquents et qu'ils touchent toutes sortes de patients. Dans de nombreux cas, ceux-ci gardent le silence sur cette expérience ayant peur d'être pris pour des personnes mentalement affaiblies.

Allan Kardec, dans « l'Evangile selon le Spiritisme » nous dit que l'universalité des principes spirites (concordance des manifestations des Esprits, obtenues par l'intermédiaire de multiples médiums dans les plus divers pays), garantit son authenticité car il serait impossible qu'une coïncidence soit si généralisée.

De la même façon, l'authenticité des recherches du Dr Moody ainsi que celles d'autres chercheurs, est démontrée statistiquement par les récits de centaines de patients qui reviennent de l'Au-delà, et qui parlent des mêmes aspects auxquels, nous les spirites, faisons référence, et cela malgré leur appartenance à d'autres conceptions religieuses ainsi qu'à d'autres cultures et de conditions sociales diverses et de régions différentes.

L'expérience de revoir sa propre existence dans des circonstances dramatiques peut représenter pour celui qui la « re-vit » un précieux avertissement. Elle lui fait prendre conscience de la nécessité d'investir dans sa propre transformation afin, qu'au moment de son départ, il ne se trouve pas en situation « d'échec » dans la Vie Spirituelle.

LES DIFFICULTÉS DU RETOUR

L'affaiblissement progressif du patient l'amène à l'inconscience et agit comme une sorte d'anesthésie générale. La majorité des Esprits s'endort juste avant de mourir et n'a pas conscience de la grande transition.

Les individus dotés d'un bagage significatif de réussite dans la pratique du Bien, surmontent facilement cette « anesthésie de la mort ». Ils peuvent parfaitement accompagner le travail des « techniciens spirituels ». Cependant, la vision du processus de déliement peut leur occasionner quelques gènes, telle celle d'un patient qui assiste à une délicate chirurgie sur lui-même, mais elle favorise leur intégration dans la vie spirituelle. Ils sont pleinement conscients à la fin du processus, contrairement à ceux qui s'endorment avant de mourir et qui au moment du réveil, sont dérangés par les impressions de la vie matérielle, en particulier par celles liées aux circonstances de leur désincarnation.

Les travailleurs spirites qui sont familiarisés avec les manifestations des Esprits souffrants dans les réunions médiumniques, connaissent bien ce problème. Les esprits se communiquant ignorent généralement leur nouvelle condition. Ils se plaignent de l'indifférence de leur famille qui ne fait pas attention à eux et se sentent très inquiets et même angoissés. Sans aucune notion de ce que représente cette grande transition qui est la mort, ils éprouvent beaucoup de difficultés à se libérer de la vie matérielle. Ils sont comme des poissons hors de l'eau ou plus exactement comme d'étranges malades mentaux vivant dans un monde irréel, dans leur propre intimité.

La disparition de ce trouble mental demande le concours du Temps. Le soutien des amis spirituels et les prières de la famille et des amis peuvent rendre plus rapide ce processus d'éveil. Cependant il est fondamentalement subordonné au rapport existant entre l'Esprit et son attachement aux illusions humaines ainsi qu'à sa capacité d'assimiler les nouvelles réalités.

La méconnaissance de la Mort est la caractéristique des foules d'Esprits qui quotidiennement retournent à la Vie Spirituelle. Et cela, sans la moindre notion de ce qui les attend, après avoir vécu des décennies sur Terre, en totale indifférence pour les valeurs nobles. Ce sont des gens qui n'ont jamais médité sur le pourquoi de leur vie terrestre, sur d'où ils viennent et sur leur destin. Sans la boussole de la foi et le bagage des bonnes actions, ils s'y retrouvent perplexes et confus.

Sur cet aspect, il nous faut reconnaître que la contribution du Spiritisme est un vrai cours d'initiation aux réalités d'outre-tombe. Le spirite, grâce aux enseignements amples et précis qu'il reçoit, arrive certainement avec plus d'assurance sur le continent invisible, sans grand problème pour identifier sa nouvelle condition. Néanmoins, ces enseignements ne lui confèrent pas le droit d'être reçu dans les communautés spirituelles bienheureuses. Cela dépend de ce qu'il a fait et non de ce qu'il sait.

Le « bilan de la mort » nous dit si nous avons les moyens requis pour « payer le ticket » d'admission pour des régions spirituelles de bonheur, avec la monnaie de la vertu. Le spirite est sûrement invité à débourser « l'agio de la connaissance », en partant de la logique : « l'on demandera plus à celui qui a le plus reçu ».

L'AMÉLIORATION DE LA MORT

Devant un être cher qui agonise, le sentiment le plus fort qui existe chez ceux qui l'aiment, c'est celui de la perte.

« Mon mari ne peut pas mourir, il est mon soutien, ma sécurité ! »

« Mon épouse chérie, ne me quitte pas ! Je ne saurai pas vivre sans toi ! »

« Mon fils, mon fils ! Ne t'en vas pas ! Tu es trop jeune ! Que sera ma vieillesse sans ton appui ? »

Curieusement, personne ne pense au mourant. Même ceux qui acceptent une vie dans l'Au-delà, multiplient les veilles et les prières et refusent d'admettre la séparation. Ce comportement dépasse les limites de l'affectivité pour tomber dans le vieil égoïsme humain. C'est une attitude semblable à celle du prisonnier qui refuse d'accepter l'idée que son compagnon de cellule est libéré.

L'exagération de l'amertume démontrée par des gestes et des attitudes de refus et de désespoir, génère des fils fluidiques qui tissent une sorte de toile de rétention et provoquent le maintien artificiel de la vie physique. Ce genre de vibrations n'évite pas la mort. Il y a, au plus, un léger délai supplémentaire augmentant la charge de souffrance du malade.

Il est normal devant un sérieux problème de santé touchant un être très cher, d'avoir des sentiments d'appréhension et d'angoisse. Néanmoins, il est fondamental de ne pas tomber dans la révolte et dans le désespoir rendant encore plus compliqués les problèmes humains, surtout ceux qui ont un rapport avec la mort.

Quand la famille n'accepte pas la perspective de la séparation, elle provoque, comme nous l'avons dit, la formation de cette indésirable toile fluidique de rétention. Dans ce cas, les « techniciens » du Monde Spirituel utilisent des procédés magnétiques pour favoriser une amélioration artificielle de l'état du patient déjà gravement atteint qui, à l'étonnement de tous, reprend sa lucidité et arrive même à dire quelques mots...

Très fréquemment, cela se passe pendant la nuit. Les « rétenteurs » fatigués mais soulagés se permettent le repos.

« Dieu soit loué ! Le Seigneur a écouté nos prières ! »

Profitant de la trêve de la veillée, les Esprits accélèrent le processus de désincarnation et démarrent le déliement. La mort vient alors embarquer un passager de plus vers l'Au-delà.

Rares sont ceux qui réfléchissent sur l'importance d'aider le « désincarnant » dans sa traumatisante transition. C'est pour cela que l'usage de cette « stratégie » des Bons Esprits est fréquente. Ils éloignent ainsi ceux, qui au lieu d'aider, dérangent. Il y a un dicton populaire qui dit :

« C'est l'amélioration de la mort ! Il s'est amélioré pour mourir ! »

LA RESSOURCE INFAILLIBLE

La mort, sauf rares exceptions, est traumatisante. L'être quitte son véhicule charnel auquel il est intimement associé. D'une manière générale, il le considère comme indissociable de son individualité. Le matérialiste estime que son individualité et son corps ne font qu'un.

Cependant, rares sont ceux qui se trouvent préparés pour cette grande transition. Quand le voyageur quitte notre timide îlot de perceptions physiques en direction des réalités spirituelles, s'il est encore imprégné d'intérêts et de préoccupations matérielles, il est confronté, à coups sûrs, à des difficultés de parcours.

Dans cette situation, tant le patient qui s'affaiblit progressivement que la famille en douloureuse veillée, peuvent se prévaloir d'une ressource infaillible : la prière.

Par sa caractéristique éminemment spirituelle, elle est le procédé que l'homme utilise pour surmonter les conditions de vie terrestres pour une communion avec le Ciel. Elle favorise un « voyage » tranquille pour ceux qui partent. Elle est le réconfort pour ceux qui restent. Elle amoindrit la sensation de perte et remplit le vide qui s'installe dans les cœurs, grâce à la certitude de la présence de Dieu, source bénie de sécurité, d'équilibre et de sérénité dans toutes les situations de la vie.

Néanmoins, son efficacité dépend d'une condition essentielle : le sentiment. Si nous ne faisons que répéter des paroles ou des formules verbales, nous allons vers un processus mécanique sans aucune valeur. Seul, le cœur arrive à se communiquer avec Dieu et il se dispense de tout verbalisme.

Même le « Notre Père », la sublime prière enseignée par Jésus n'est pas un recours magique dont l'efficacité serait subordonnée à la répétition. Il s'agit d'une orientation pour bien prier : pour commencer nous devons être sûrs que Dieu est notre père. De plus, cette prière finit en nous disant qu'il faut que nous apprenions à vaincre le mal qui se trouve en nous par le combat permanent des tentations.

Dans « que votre volonté soit faite sur Terre comme au Ciel » Jésus nous laisse clairement comprendre que c'est à Dieu de définir ce qui est le mieux pour nous. Dans toutes circonstances et particulièrement au moment de la grande transition, si en priant nous continuons à avoir des sentiments de désespoir et de révolte, notre cœur ne trouvera pas le réconfort et la sérénité dont il a si besoin.

Quand le « désincarnant » et sa famille contrôlent leurs émotions et se maintiennent en prière, confiants et contrits, les techniciens de la Vie Spirituelle réalisent facilement le déliement, sans traumatisme pour celui qui part et sans déséquilibre pour ceux qui restent.

LES DIFFICULTÉS DU DÉLIEMENT

La mort du corps physique et la désincarnation ne se passent pas simultanément. L'individu meurt quand le cœur s'arrête. L'Esprit se désincarné quand il accomplit son déliement, ce qui lui demande quelques heures ou quelques jours.

Normalement, l'Esprit reste attaché à son corps tant qu'il ressent encore fortement en lui les impressions de l'existence physique. Les matérialistes qui vivent leur vie sur Terre comme une fin en soi, qui n'ont jamais eu d'objectifs supérieurs, qui ont cultivé les vices et les passions, restent retenus pendant une période plus longue. Et cela, jusqu'à ce que le fluide animalisé dont ils sont encore revêtus soit réduit aux niveaux compatibles avec son déliement.

Les Bons Esprits peuvent certainement provoquer le déliement immédiatement après la mort du corps physique. Néanmoins, il n'est pas prudent de le faire car le « désincarnant » pourrait éprouver des difficultés encore plus grandes pour s'ajuster aux réalités spirituelles.

Ce qui, en apparence, nous fait penser à un châtiment pour celui qui n'a pas vécu une existence en accord avec les principes de la morale et de l'éthique, est en fait une manifestation de la miséricorde divine. Nonobstant les contraintes et les sensations désagréables auxquelles il est confronté quand il contemple sa dépouille charnelle en décomposition, ce vécu lui est moins traumatisant qu'un détachement rapide.

Il y a au sujet de la mort des conceptions totalement éloignées de la réalité. Quand quelqu'un meurt d'un infarctus foudroyant, on a l'habitude de dire :

« Quelle mort merveilleuse ! Il n'a pas souffert ! »

Et pourtant, il s'agit d'une mort indésirable. Quand la mort prend l'individu en pleine vitalité, mis à part pour ceux qui sont hautement spiritualisés, il y a des problèmes et pour son détachement et pour son adaptation à la Vie Spirituelle. Les impressions et les intérêts en rapport avec la vie physique sont très forts.

Si la cause de la mort est, par exemple, le cancer qui provoque des souffrances prolongées, le patient se détache lentement... et on entend dire :

« Quelle mort terrible ! Que de souffrances ! »

Paradoxalement, il s'agit d'une bonne mort. La longue maladie est un traitement de beauté pour l'Esprit. Les souffrances de toutes sortes agissent comme une ressource thérapeutique efficace et elles aident le malade à surmonter les illusions du Monde, en plus de le libérer des impuretés morales. On remarque que l'aggravation progressive de la maladie, rend le malade plus réceptif aux appels de la religion, à la prière et aux réflexions sur la destinée de l'homme. Lorsque la mort arrive, il est prêt, il l'attend même, sans attache et sans peur.

Il se passe quelque chose de semblable avec les personnes qui se désincarnent à un âge avancé après avoir accompli le délai déterminé par la Providence Divine et qui, en plus, ont vécu leur vie dans une éthique et une discipline morale.

Chez elles la vie physique s'en va doucement. Elle s'éteint comme une bougie vacillante et entièrement usée, qui va leur procurer un retour tranquille sans aucun tracas.

LES TRAGÉDIES

Des foules de personnes reviennent au Monde Spirituel de manière tragique, victimes : d'incendie, de tremblement de terre, d'éboulements les plus divers, de noyade, d'accident d'avion ou de voiture, etc.

« Pourquoi ? » Questionnent, angoissées les familles.

La Doctrine Spirite nous explique que ces événements sont associés à des expériences évolutives. Fréquemment, il s'agit du rachat de dettes karmiques issues d'un passé rempli de violence.

Nous sommes tous ébranlés quand nous sommes confrontés à des morts de cette nature, surtout quand elles touchent quelqu'un qui nous est cher. Nombreux sont ceux qui se laissent emporter par le désespoir et la révolte. Ces réactions sont compréhensibles au moment du choc inattendu. Seul, le temps avec le déroulement des jours, des mois et parfois des années, permettra le retour à la normalité, car la vie continue...

Néanmoins, le désincarné ne peut pas attendre. Personnage central de la tragédie, il est perplexe et confus. Malgré le soutien des Esprits amis, il affronte des difficultés d'adaptation et ressent fortement les émotions de sa famille. Si celle-ci cultive des réminiscences malheureuses et se maintient dans les douloureux détails du funeste événement, elle l'amène à le revivre continuellement, ce qui le perturbe profondément. Imaginons quelqu'un, victime d'un incendie, obligé de revivre l'enfer des flammes sous l'injonction de la pensée inquiète et tourmentée de ceux qui n'acceptent pas son départ...

Quand ces Esprits se manifestent, il y a une demande qui est commune à tous : un appel aux familles pour qu'elles reprennent leurs occupations et la normalité de leur vie et qu'elles s'intéressent à d'autres activités, de préférence celles en rapport avec la pratique du Bien qui est le baume divin pour les douleurs de la séparation.

Dans le livre « Vida no Além » (« La Vie dans l'Au-delà ») psychographie du médium brésilien Francisco Cândido Xavier, l'Esprit du jeune William José Guagliardi, qui s'est désincarné avec cinquante-huit autres jeunes dans un accident de car scolaire tombé dans une rivière de la ville de Sao José do Rio Prêto, s'adresse à sa mère. Parmi d'autres considérations en voici une :

« Je suis ici présent et je te demande d'avoir de la patience envers moi. Je souffre beaucoup avec tes larmes, plus qu'avec la libération de mon corps.. Et cela parce que ta douleur me retient aux souvenirs de tout ce qui m'est arrivé. Et quand tu commences à te demander comment l'accident a eu lieu, dans le silence de ton désespoir, je ressens à nouveau une sensation d'asphyxie ».

Evidemment, nous ne pouvons pas manifester un calme imperturbable, quand il s'agit de la mort tragique de quelqu'un de très aimé. Quelle que soit la grandeur de notre compréhension, nous souffrons énormément. Peut-être qu'il n'existe pas de souffrance plus grande. Cependant, il nous est indispensable de garder la sérénité, la confiance en Dieu, non seulement pour notre bien, mais surtout pour le bien de celui qui est parti, car plus que jamais il a besoin de nous.

LA FUITE DANGEREUSE

Sans aucun doute, la plus tragique de toutes les circonstances qui provoquent la mort, avec des conséquences dévastatrices pour le « désincarnant », c'est le suicide. Très loin d'être considérée comme une expiation ou une épreuve pour l'accomplissement de desseins divins, l'autodestruction est une fuite désastreuse, une fausse porte que l'individu franchit en pensant se libérer de ses malheurs, se précipitant ainsi dans une situation encore pire.

« La plus grande souffrance sur Terre ne peut pas être comparée à la nôtre », disent invariablement les suicidés quand ils se manifestent dans les réunions médiumniques.

Des tourments indescriptibles les dominent après le contrecoup du geste regrettable. L'Esprit, violemment jeté dans le Monde Spirituel, jouissant d'une pleine vitalité physique, revit pendant une période longue et indéterminée les douleurs et les émotions de ses derniers instants, confinés dans des régions de ténèbres où selon l'expression de l'Evangile, « il y a des pleurs et des grincements de dents ».

L'un des plus grands problèmes du suicidé c'est la lésion qui survient dans son corps spirituel. Ceux qui se désincarnent suite à une mort violente, dans des circonstances qui échappent à leur volonté, gardent dans leur périsprit les marques et les impressions relatives au type de mort qu'ils ont subies. Néanmoins, elles sont passagères et tendent à disparaître, au fur et à mesure que leur intégration dans la Vie Spirituelle se fait.

Le même phénomène ne se produit pas avec le suicidé. Son périsprit garde les blessures correspondantes à l'agression commise contre son propre corps physique. S'il s'est tiré une balle dans la tête, il aura une grave lésion dans la région crânienne ; s'il a ingéré un poison, il aura des ulcères au niveau de l'appareil digestif ; s'il s'est jeté sous un train, il aura des traumatismes généralisés.

Ces effets sont en grande partie des causes de souffrance pour le suicidé. Afin d'être surmontés, ils exigent généralement, à nouveau une réincarnation où ils apparaîtront fatalement dans cette nouvelle structure charnelle. La balle dans le cerveau sera à l'origine de difficultés de raisonnement ; le poison provoquera de graves problèmes dans l'appareil digestif et le violent impact des roues du train, de complexes disfonctionnements neurologiques.

Comme dans tous les cas de mort violente, le suicidé subit en plus, l'inévitable aggravation de ses souffrances en voyant sa famille qui plonge dans le désespoir car inconsolable et exacerbée par des complexes de culpabilité.

« Ah ! Si on avait agi autrement, Ah ! Si on lui avait donné plus d'attention, Ah ! Si on avait cherché à mieux le comprendre ! »

Il est inutile de toujours épiloguer sur ce qui s'est passé. Devant un blessé grave qui vient de subir un accident, il est inimaginable de rester à se poser des questions sur ce qui aurait pu se passer si on avait agi de façon différente. Le fait est là ! Il ne peut pas être changé ! A nous de maintenir l'équilibre et de s'occuper du patient.

La même chose se passe avec le suicidé. Il a besoin d'une aide d'urgence. Donc, il est indispensable de contrôler notre désespoir et de pratiquer la prière. Celle-ci est le baume de réconfort à sa souffrance dans l'Au-delà, capable de le remonter moralement et spirituellement.

Et si pour nous, cela nous semble difficile d'accepter les longues et douloureuses expériences de l'être cher qui est parti de son propre gré, considérons que ses souffrances ne sont pas inutiles. Elles représentent pour lui une sévère leçon qui va le rendre plus mûr et va lui apprendre à respecter la Vie et à se tourner vers Dieu.

LA MORT D'ENFANTS

La mort d'un enfant, même dans des circonstances tragiques est bien plus paisible car dans cette période de la vie, l'Esprit est encore un peu « endormi ». Il se réveille lentement à l'existence terrestre. C'est seulement à partir de l'adolescence qu'il prend pleine possession de ses facultés.

Vivant en dehors des contingences humaines, l'enfant est épargné de tout contact avec les vices et les passions, ce qui lui rend plus facile le retour à la Vie Spirituelle.

Le plus grand problème de la mort enfantine est l'intense « toile de rétention » qui se forme autour de lui. En effet, la mort d'un enfant provoque une grande émotion, même chez les gens sans liens directs avec lui. Symbole de pureté et d'innocence, joie du présent et espoir de l'avenir, le petit être résume toutes les aspirations des adultes qui refusent d'affronter la perspective d'une séparation.

En faveur de ce petit qui nous quitte, il est nécessaire d'imiter le comportement d'Amaro, personnage du livre « Entre la Terre et le Ciel » (de l'Esprit André Luiz, psychographie de Francisco Cândido Xavier), devant son fils âgé d'un an, sans aucun espoir de rester en vie. La nuit, quand tout le monde dort, il veille méditant. L'auteur écrit :

«L'aurore commençait à se refléter dans le firmament avec ses beaux rayons rouges, quand le cheminot arrêta sa méditation et s'approcha de son enfant mourant. D'un geste émouvant de foi, il retira du mur un vieux crucifix en bois et le posa au chevet de son fils. Ensuite, il s'assit sur le lit de l'enfant et le prit dans ses bras avec une immense tendresse. Soutenu spirituellement par Odile, il regarda longuement le crucifix et pria :

— Divin Maître Jésus, aie pitié de nos faiblesses !... J'ai l'esprit si fragile pour le confronter à la mort ! Donne-nous de la force et de la compréhension- Nos enfants t'appartiennent, mais qu'il nous est douloureux de te les rendre quand ta volonté nous réclame leur retour !...

Le chagrin lui bloquait la voix, mais le père souffrant démontra son impérieuse nécessité de prier et il continua :

— S'il est de ta volonté que notre fils parte Seigneur, reçois-le dans tes bras d'amour et de lumière ! Mais donne-nous le courage pour supporter notre croix de nostalgie et de douleur !... Donne-nous de la résignation, de la foi et de l'espérance !... Aide- nous à comprendre tes desseins et que ta volonté soit faite aujourd'hui et toujours !...

A ce moment, des rayons de lumière sortaient de sa poitrine et enveloppaient l'enfant qui doucement s'endormait.

L'enfant s'éloigna de son corps de chair et s'abrita dans les bras d'Odile, tel un orphelin qui cherche un nid de caresses.

L'attitude fervente d'Amaro, sa profonde confiance en Jésus, soutiennent son équilibre et rendent facile le retour au Monde Spirituel de Julio, son fils bien aimé, comme il était prévu ».

POURQUOI LES FLEURS MEURENT-ELLES ?

Il n'y a pas de place pour le hasard dans l'existence humaine. Dieu n'est pas un joueur de dés qui distribue de façon aléatoire, la joie ou la tristesse, le bonheur ou le malheur, la santé ou la maladie, la vie ou la mort. Il existe des lois venant du Créateur qui disciplinent l'évolution de Ses créatures en leur offrant des expériences compatibles à leurs besoins.

L'une d'elles est la Réincarnation. Elle détermine notre devoir de vivre de multiples existences, tels des élèves, périodiquement en internat pour un apprentissage spécifique.

La connaissance acquise par l'intermédiaire des incarnations successives nous permet de dévoiler les problèmes compliqués et enchevêtrés du Destin. Dieu sait ce qu'il fait lorsque, par exemple, un enfant revient à la Patrie Spirituelle.

Il y a des suicidés qui se réincarnent pour un bref espace de temps. C'est pour eux, un motif de frustration. Après de longs et laborieux préparatifs pour « plonger» dans la chair, ce sentiment les aidera à comprendre la valeur de l'existence humaine et à surmonter leur tendance à fuir leurs problèmes par le biais de l'autodestruction.

En même temps, le contact avec la matière agit comme un traitement bénéfique pour les atteintes subies par le périsprit, à cause du geste tragique. Le cas des enfants porteurs de graves problèmes congénitaux les obligeant à se désincarner, cadre parfaitement à cette condition.

Si, l'opportunité se présente, après un certain temps, ils pourront à nouveau se réincarner dans le même contexte familial, dans de meilleures conditions de santé et avec de plus amples dispositions pour affronter les épreuves sur Terre. Fréquemment, le fils qui naît après la mort d'un frère, démontre un comportement très semblable à celui qui est parti, avec les mêmes réactions et tendances.

« Il est pareil à son petit frère qui est décédé ! » Commente la famille.

Pareil, non ! C'est simplement lui qui est de retour pour un nouvel apprentissage...

Dans d'autres cas de figure, il y a des Esprits évolués qui se réincarnent dans le but d'éveiller chez des êtres qui leur sont chers, parents, frères et sœurs, un peu de spiritualité et les aider à surmonter les attraits pernicieux de la vie terrestre.

Généralement, il s'agit d'enfants qui grâce à leur condition évoluée, sont adorables, extrêmement sympathiques, intelligents et câlins. Les parents les adorent et parfois ils sont la raison principale de leurs existences. Leur désincarnation les laisse perplexes et traumatisés.

Cependant, au fur et à mesure qu'ils émergent de leur lassitude et de leur désespoir, ils éprouvent un désenchantement pour les futilités du monde et un réveil insoupçonné de religiosité apparaît. Ils sont inspirés par leurs propres enfants, qui invisibles à leur regard, leur parlent dans l'intimité de leur cœur, en continuelle syntonie.

Ceux qui pleurent sur la tombe d'un enfant très aimé, comprendront un jour que la séparation d'aujourd'hui fait partie d'un programme de maturation spirituelle. Celui-ci leur permettra une union plus intime, un bonheur plus grand et durable dans la glorieuse rencontre qui indiscutablement viendra.

L'AVORTEMENT

Après la fécondation de l'ovule par le spermatozoïde, l'Esprit se réincarnant est lié à l'embryon formant un être humain, qui pendant neuf mois, habitera le ventre maternel. Il y sera protégé jusqu'à ce qu'il puisse affronter le monde extérieur. L'avortement est donc une désincarnation.

Quand l'avortement est spontané, c'est-à-dire, quand l'organisme maternel n'arrive pas à soutenir le développement de l'enfant, il s'agit là d'une éprcuve relative à des infractions aux lois divines. Et cela est valable aussi bien pour les parents qui subissent un sentiment de frustration de voir leurs rêves brisés (sans compter les souffrances de la femme avec l'interruption de la grossesse) que pour l'Esprit qui constate l'échec de sa tentative de retour à la chair.

L'avortement programmé est un véritable crime et pas toujours exempté de punition par la justice humaine (dans certains pays, il est autorisé par la loi), mais il est inexorablement sanctionné par la Justice Divine. La sanction n'atteint pas seulement la femme, mais tous ceux qui directement ou indirectement l'ont provoqué : la famille ou les amis qui l'ont suggéré et les professionnels qui l'ont exécuté.

La femme qui assassine, dans sa propre intimité, l'enfant qui ne peut pas se défendre, sous l'allégation que son corps lui appartient, se sert d'un sophisme matérialiste. Notre corps est un prêt que Dieu nous fait pour notre séjour sur Terre. Beaucoup plus que des droits, nous avons des devoirs envers lui quant à l'usage que nous en faisons. Notre premier devoir est de le préserver, en nous servant de lui de façon disciplinée et consciente de ses nécessités. Le deuxième est celui de respecter la vie qui a été générée en lui, en obéissance aux desseins divins, car c'est au Créateur de décider du destin de ses créatures.

La littérature spirite est prodigue en exemples sur les conséquences funestes de l'avortement souhaité. Il provoque chez la femme des déséquilibres à son périsprit avec répercussion dans le corps physique, soit dans l'actuelle incarnation soit dans la future existence, sous forme de cancer, stérilité, infections persistantes, frigidité...

Dans notre actualité, ce genre de problèmes est fréquemment abordé et démontre avec à-propos comment cette pratique est répandue. De Nombreuses femmes en arrivent à des comportements extrêmes ; elles prennent régulièrement des substances chimiques abortives, surtout quand il y a un retard dans la menstruation, sans même savoir si elles sont réellement enceintes. Elles sèment des inquiétudes qu'elles récolteront fatalement un jour...

Dans le cas de l'avortement spontané, l'Esprit revient au Monde Spirituel sans difficulté majeure car les liens qui l'attachent au corps sont faibles. Il s'agit du début du processus de réincarnation, et face au mal qui provoque sa désincarnation, il se situe dans la condition d'un patient en état terminal.

Après sa désincarnation, l'Esprit récupère sa personnalité antérieure avec un plus de cette brève expérience. S'il n'a pas une maturité mentale suffisante, il conserve sa forme de nouveau-né en attendant qu'il reprenne conscience de lui-même, puis il se développe comme un enfant ou se prépare pour une nouvelle incarnation.

Pour l'avortement provoqué, les conséquences sont beaucoup plus complexes. L'Esprit subit le traumatisme généré par cette mort violente, atténué par le fait qu'il n'en soit pas l'instigateur. Mais comme sa souffrance est le résultat de l'irresponsabilité de ses parents, sa frustration est immense.

Sa réadaptation dans la Vie Spirituelle est similaire à celle de l'Esprit victime d'un avortement naturel. Cependant, dans le cas d'un Esprit immature, son expulsion du ventre maternel peut provoquer en lui une farouche rancune contre ses parents, et il devient un persécuteur implacable de ceux qui lui ont refusé l'opportunité d'un recommencement sur Terre.

De nombreux problèmes affligent la femme après un avortement et peuvent se prolonger indéfiniment, malgré les ressources de la Médecine.

LA CONSCIENCE DE LA FAUTE

La connaissance de l'enseignement spirite a évité à de nombreuses femmes de commettre un avortement provoqué. Celui-ci est un tourment pour celles qui le pratiquent. La peur, le regret, l'angoisse, la dépression, sont quelques-unes de leurs réactions. Ce sont les conséquences naturelles suite à la prise de conscience de la gravité et des effets liés à un tel comportement.

Cependant ceux qui prétendent voir dans le Spiritisme la réédition de doctrines qui fustigent et de caractère anathématisant, commettent une grosse erreur d'appréciation.

En s'appuyant sur la logique et sur le raisonnement et en exaltant la liberté de conscience, la Doctrine Spirite ne condamne pas - elle éclaire ; elle ne menace pas - elle fait prendre conscience. Et au lieu de mettre en avant le mal qui existe chez l'homme, elle a pour but de l'aider à trouver le Bien.

Nous sommes tous des Esprits manquant de maturité, ayant des comportements légers et inconséquents et c'est pour cela que nous sommes sur Terre, planète d'épreuves et d'expiations. Il pèse sur nos épaules un passé de délits nous imposant des expériences douloureuses. Nous ne devons pas pour autant traverser l'existence en cultivant un complexe de culpabilité.

La différence pour la femme qui pratique l'avortement, c'est sa répercussion dans le temps. Elle commet cette faute aujourd'hui et se retrouve endetté devant les lois divines, comme n'importe lequel d'entre nous, qui a commis aussi des dommages, parfois encore beaucoup plus graves dans ses vies antérieures.

Et si nombreux sont ceux purgeant leur peine dans la prison de leur souffrance, il ne faut pas écarter la possibilité d'obtenir la rémission de nos égarements par la pratique du Bien.

« Je désire la bonté, la miséricorde et non le sacrifice » a dit Jésus en rappelant le prophète Osée (Mathieu 9 : 13), démontrant que nous n'avons besoin ni de nous flageller ni d'attendre que la Loi Divine nous fustige pour le rachat de nos dettes. L'exercice de la miséricorde dans la pratique du Bien, nous offre une option plus tranquille.

La femme qui a commis le crime de l'avortement peut parfaitement améliorer son destin, en se disposant à travailler en faveur de l'enfance malheureuse, en adoptant des enfants, en étant bénévole dans des associations humanitaires qui s'occupent d'enfants...

Son effort dans ce domaine va lui procurer une précieuse initiation dans l'exercice de la Charité et de l'Amour en favorisant sa réhabilitation et son amélioration, sans traumatisme et sans tourment.

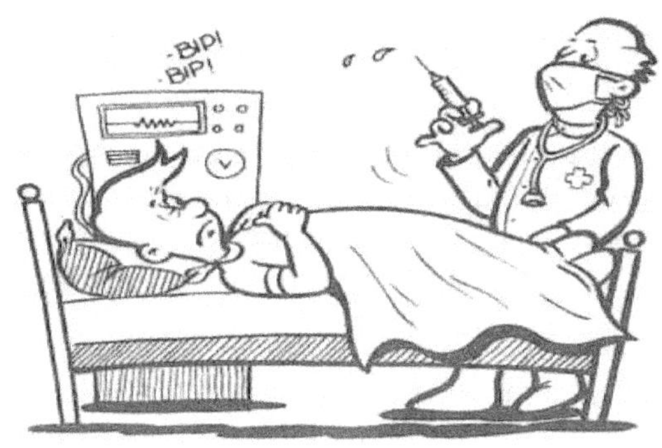

LA MALHEUREUSE SOLUTION

Le mot « euthanasie » dont la signification est « mort heureuse », a été créé par le philosophe Francis Bacon. Selon lui, le médecin a la responsabilité de soulager les maladies et les souffrances de son patient par la guérison du mal, mais aussi de faire en sorte qu'il ait une mort paisible et facile, au cas où le problème serait irréversible.

Malgré le fait que l'euthanasie soit universellement considérée comme un homicide, la société compte sur la bienveillance de la justice quand il s'agit de patients en phase terminale, tourmentés par des douleurs et des souffrances extrêmes. Les procès contre les personnes mêlées à ce genre de crimes sont très rares.

Dans le but d'épargner le malade de ses maux, certains pays veulent considérer l'euthanasie comme un simple acte médical, surtout s'il y a consentement du patient et de sa famille.

En général, les religions sont contraires à l'euthanasie. Elles partent de deux principes fondamentaux :

1) C'est à Dieu, seigneur de nos destins, de promouvoir notre retour au Monde Spirituel. Dans le Décalogue reçu par Moïse, où se trouvent les fondements de la justice humaine, il y a la recommandation sans équivoque : « Tu ne tueras point ».

2) Personne ne peut affirmer en toute certitude que le patient est irrémédiablement condamné. La littérature médicale est

prodigue d'exemples sur les malades dont l'état était désespéré et qui ont récupéré leur santé.

Le Spiritisme ratifie de telles considérations et nous permet d'aller plus loin : il démontre que l'euthanasie interrompt le processus d'épuration vécu par l'Esprit incarné par l'intermédiaire de sa maladie. De plus, elle lui impose de sérieuses difficultés de retour au Monde Spirituel.

L'Esprit André Luiz traite de ce sujet dans son livre « Ouvriers de la Vie Eternelle », psychographie du médium Francisco Cândido Xavier. Il y décrit, la désincarnation de Cavalcante, homme dévoué au service du Bien mais ayant des peurs injustifiées au sujet de la mort. Malgré ses mérites spirituels et le grand soutien des Bons Esprits, il refusait de mourir et s'attachait de toutes ses forces à la vie.

Mourant, inconscient et sans famille à consulter, son médecin décida arbitrairement d'abréger ses souffrances en lui injectant une dose létale d'anesthésique. Et André Luiz nous raconte :

« En quelques instants le malade s'est tu. Ses membres se sont raidis. Son masque facial s'est immobilisé ainsi que ses yeux. Pour le monde, Cavalcante était mort mais pas pour nous. Son esprit restait attaché au corps inerte, inconscient et incapable de toute réaction».

Jeronimo, le guide qui accompagnait André Luiz expliqua :

« La décharge fulminante du médicament agit sur le système nerveux et atteint les centres du périsprit. Cavalcante reste attaché à des milliards et des milliards de cellules neutralisées et endormies, envahi lui aussi par une torpeur qui l'empêche de donner une réponse quelconque à l'effort que nous déployons à son bénéfice.

Nous n'allons pouvoir le libérer probablement que dans au moins douze heures ».

Et pour finaliser, l'auteur continue :

« Et comme l'avait supposé Jeronimo, il ne nous a été possible de libérer Cavalcante qu'après vingt heures écoulées et un travail très laborieux de notre part. Malgré tous nos efforts, Cavalcante s'est retiré dans des conditions peu favorables : apathique, somnolent, sans lucidité. Il a été conduit à l'asile de Fabiano (Institution de secours du Monde Spirituel) demandant une grande attention aux secouristes.

L'euthanasie a été pratiquée dans les cultures les plus anciennes. Très loin d'être l'expression d'une « mort heureuse », elle est une solution malheureuse pour le malade, en plus d'être un regrettable manque de respect aux desseins de Dieu.

Qui a peur de la mort ?

LE VIEUX TRAUMATISME

Des recommandations :

— Il faut m'enterrer seulement à partir du moment où mon corps commencera à sentir mauvais !...

— Ne m'enterrez pas. Je veux être incinéré !...

— N'oubliez pas de respecter rigoureusement le délai de vingt-quatre heures pour m'enterrer, quelles que soient les circonstances de ma mort !...

Au cours des conférences sur la mort, une question est fréquente :

— Si l'on m'enterre quand je viens de faire une léthargie et que je me réveille dans la tombe, que se passera-t-il pour moi ?

Et la réponse, pour faire rire :

— Rien de spécial. Simplement la mort arrivera en quelques minutes par manque d'oxygène.

* * *

C'est incroyable de constater l'inquiétude des gens devant la possibilité d'être enterrés vivants. Elle est nourrie par les vieilles légendes des cadavres étrangement retournés dans leur cercueil quand celui-ci est ouvert des mois ou des années après l'inhumation.

Peut-être que des faits de cette nature ont eu lieu, surtout pendant les grandes épidémies ou des batailles, où, devant la quantité de corps à enterrer on oubliait cette élémentaire attention, qui est celle de vérifier si l'individu est vraiment mort. Nos ancêtres ont sûrement confondu la léthargie avec la mort et par conséquent condamné les victimes de leur ignorance à une désincarnation par asphyxie.

De nos jours, il est pratiquement impossible d'enterrer une personne encore vivante car la loi interdit formellement l'inhumation sans l'attestation de décès donnée par un médecin.

Ce dernier constate s'il s'agit d'une mort véritable ou d'une léthargie. Auquel cas, les fonctions vitales ne s'arrêtent pas, l'organisme reste en état de fonctionnement de façon latente et imperceptible à une simple observation.

En utilisant un stéthoscope le médecin vérifie, tranquillement, les battements du cœur, car s'il y a arrêt cardiaque, la mort se concrétise en quatre minutes. L'examen ophtalmologique est aussi concluant. Le médecin vérifie la mydriase, une grande dilatation de la pupille et si elle ne répond pas aux stimuli lumineux, la mort est consommée.

Il nous semble que les peurs au sujet de la mort ont leurs origines dans les difficultés qu'éprouve l'Esprit pour se séparer de son corps physique. Il est commun de voir un Esprit rester attaché à son corps pendant des heures et même des jours après son enterrement, et cela à cause de son manque de connaissance du phénomène de la mort.

Si l'on considère que dans des vies antérieures nous avons eu l'occasion de vivre cette désagréable expérience, nous gardons au fond de notre conscience des traumatismes qui se traduisent dans notre présente existence par des peurs d'être enterrés vivants.

La compréhension des mécanismes de la mort liée à une vie correctement vécue, nous aide à surmonter cet héritage gênant de nos désastreuses expériences du passé.

L'HEURE EST-ELLE ARRIVÉE ?

« La dinde ne meurt seulement que la veille ! ... » Dit le dicton populaire en faisant allusion au fait que personne ne se désincarné avant que son jour n'arrive.

En réalité, il se passe juste le contraire. Très Peu de gens accomplissent intégralement le temps qui leur a été concédé. Exceptionnel est l'homme terrestre qui traverse l'existence sans abîmer sa machine physique et sans compromettre sa stabilité.

Nous détruisons l'intérieur de notre corps, de l'extérieur, par notre attachement aux vices, par notre intempérance et par notre manque de discipline. L'alcool, le tabac, la drogue, les excès alimentaires ainsi que l'absence d'hygiène, d'exercices, et de repos, minent tout au long de notre vie, la résistance organique abrégeant notre vie physique.

Nous détruisons notre corps extérieur, de l'intérieur, quand nous cultivons des pensées négatives et pessimistes ainsi que des sentiments tels que la jalousie, la haine, la rancune, la révolte... Il y a des individus qui ont l'habitude de réagir avec une telle agressivité quand ils sont contrariés qu'un jour leur cœur « implose » dans un infarctus fulminant. D'autres « plongent » leur système immunologique dans un déluge de chagrin et de ressentiment, de dépression et d'angoisse favorisant l'évolution de tumeurs cancérigènes.

De telles circonstances favorisent fatalement des problèmes d'adaptation très similaires à ceux des suicidés. La situation de ceux qui se désincarnent prématurément à cause de leur intempérance mentale et physique est moins contraignante. Ils n'avaient pas l'intention de se tuer mais répondent pour les préjudices portés à leur machine physique. En effet, ceux-ci se répercutent dans leur périsprit, leur imposant de douloureuses impressions.

Ces dysfonctionnements se refléteront dans leur nouveau corps lors d'une nouvelle expérience de réincarnation. Ils seront l'origine de handicaps divers agissant comme des remèdes indispensables à leur rééquilibre.

Nous ne sommes pas propriétaire de notre corps. Nous l'utilisons de façon provisoire comme s'il s'agissait d'une voiture louée pour un long voyage. Mais il y a un programme à respecter incluant une route, un parcours, une durée, une maintenance. Si nous abusons de lui en accélérant avec indiscipline et tension ou si nous l'empoisonnons avec nos vices, oubliant le lubrifiant de l'optimisme et de l'enthousiasme, fatalement nous nous retrouvons avec de graves problèmes mécaniques. En plus d'interrompre le voyage et porter préjudice au programme établi, nous sommes appelés à rendre des comptes au sujet des pannes provoquées sur un véhicule qui ne nous appartient pas.

Dans l'avenir, un nouveau voyage se présentera à nous, mais cette fois-ci dans une « vieille voiture » avec, probablement, des limites exigeant de nous beaucoup plus de précautions, et nous imposant des disciplines qui s'avéreront très bénéfiques.

UN JEU DANGEREUX

Il existe un jeu sinistre rempli d'humour noir, dénommé « la roulette russe » car on attribue son origine aux soviétiques. Un premier participant est tiré au sort. Celui-ci introduit une balle dans un pistolet. Ensuite il tourne aléatoirement le barillet, puis il pose le bout du revolver sur une de ses tempes et actionne la détente. S'il entend un « clic », il respire soulagé et passe l'arme à son copain. Celui-ci refait le rituel. Ensuite les deux individus, successivement referont l'expérience jusqu'à ce que l'un des deux s'explose le cerveau.

La variante brésilienne, pratiquée par des jeunes de l'Etat de Sao Paulo durant quelques décennies, s'appelait la « roulette pauliste ». Ce jeu consistait à traverser en moto des carrefours dangereux, à grande vitesse, sans respecter les règles de signalisation. Selon sa chance l'individu pouvait atteindre son but, intact, ou se heurter à un autre véhicule.

Des décès de cette nature ne peuvent pas être attribués à la fatalité. Ces aventuriers retournent prématurément au Monde Spirituel, expulsés de leur corps après l'avoir détruit par leur inconséquence. Ils sont des suicidés ! Inconscients, ils ne se sont jamais arrêtés pour réfléchir au fait qu'ils finiraient par se tuer et qu'ils devraient répondre de leurs actes.

Il se passe quelque chose de similaire avec des milliers de gens, partout dans le monde, au cours des accidents de la route. Bien qu'un grand nombre de ces tragédies soient karmiques et représentent le rachat de dettes du passé, elles touchent également des personnes non prévues dans ce programme de vie. Elles sont la conséquence de l'imprudence.

Dans n'importe quel secteur d'activité, il y a des lois humaines et divines à observer. Pour les routes, leur code établit les limitations de vitesse et toutes les signalisations à prendre en considération. Les lois divines nous orientent vers le respect de la Vie, de la nôtre et de celle des autres.

Quand on ne respecte pas ces règles, des événements funestes viennent nous compliquer l'existence, surtout quand notre irresponsabilité a atteint d'autres personnes.

Nous sommes tous, à court, à moyen et à long terme, artisans de notre destinée, par le déroulement de nos actions dans notre vie quotidienne. Dans un moment d'imprudence, nous pouvons compliquer notre vie physique et la quitter avant le temps voulu par Dieu.

Il est évident que sur une planète d'épreuves et d'expiations, comme la Terre, tout cela représente des expériences. La Sagesse Divine harmonise les événements et profite même de nos inconséquences pour nous donner un enseignement. En effet, nous amassons tous ses fruits et apprenons par la souffrance ce que nous devons faire, ou pas.

Néanmoins, si l'on veut, on peut réaliser, avec prudence, cet apprentissage en douceur, en priant et en se surveillant selon l'expression évangélique. Ceux qui ne s'y prêtent pas jouent une sorte de « roulette existentielle » et se prédisposent à des problèmes qui pourraient être évités et à des souffrances non programmées pour leur existence actuelle.

LA VEILLE MORTUAIRE

Lorsque nous participons à une veillée mortuaire, nous accomplissons un acte de solidarité, offrant du réconfort à la famille. Malheureusement nous le pratiquons qu'à moitié car nous n'apportons seulement que notre présence physique, ignorant ce que nous pouvons définir comme une attitude spirituelle : celle du respect de l'ambiance qui vise à aider le mort.

La longue période des « pleureuses professionnelles d'enterrement », celle où la mort était vue comme quelque chose de terrible au point d'inspirer de façon compulsive des sentiments de douleurs, est largement révolue. Aujourd'hui, nous vivons l'inverse. Mis à part la famille, les gens semblent participer à une réunion sociale où de vieux amis se retrouvent dans le but de « mettre à jour leurs nouvelles ». On y raconte des histoires drôles, on y parle de football, de politique, de sexe, de la mode... Il y a ceux qui ne se donnent même pas la peine de baisser de ton, principalement quand le moment de l'enterrement arrive et où le nombre des personnes présentes est plus important. On évoque le mort avec des paroles élogieuses (selon la vieille tradition humaine, celui qui vient de mourir est toujours bon), mais fatalement les réminiscences arrivent et finissent par toucher aux aspects négatifs de son comportement, ce qui génère des histoires comiques et des critiques malsaines à son sujet.

Imaginons la situation inconfortable de l'Esprit encore lié à son corps physique, plongé dans un océan de vibrations hétérogènes, conséquence de la regrettable « contribution » des personnes présentes au nom le leur amitié... Ces amis agissent tels des spectateurs indisciplinés rendant difficile la tâche de l'équipe de secours qui s'efforce de retirer un blessé des décombres d'une maison qui s'est effondrée...

Attaché à une résidence temporaire transformée en ruine physique par la mort, le désincarnant, en état d'inconscience, reçoit l'impact de ces vibrations irrespectueuses et déséquilibrées qui l'atteignent et le peinent, particulièrement celles à caractère personnel. Comme s'il vivait un terrible cauchemar, il est angoissé et affligé, et voulant se réveiller, il lutte pour récupérer la maîtrise de son corps.

Dans un enterrement où figurent un grand nombre de personnes on entend des commentaires tels : « Quel bel enterrement ! » « Quelle affluence ! ».

Et pourtant, ce n'est pas toujours ce qui nous semble agréable qui est bon, surtout lorsque nous confrontons la réalité physique et la réalité spirituelle. Plus le nombre de personnes est grand, plus hétérogènes sont les conversations. Plus l'ambiance est chargée, plus grand sera l'impact sur le décédé.

Il y a quelques temps, je suis allé à l'hôpital pour accomplir la partie administrative de l'enterrement d'un indigent. La procédure terminée, le mort est parti au cimetière sans aucun accompagnement. Moi-même pour des raisons professionnelles je n'ai pu m'y rendre. Et l'on pourrait dire « Quelle tristesse ! Il n'y a eu personne ! Enterrement solitaire ! ».

Spirituellement, il a été préférable qu'il se soit passé de cette façon. Il n'y avait personne pour déranger les Esprits du Bien qui ont pu réaliser tranquillement leur travail, libérant le captif de sa prison de chair pour le conduire aux belles approches de l'Au-delà.

LA VEILLÉE FUNÈBRE IDÉALE

Nous avons participé à la veillée funèbre d'un compagnon spirite. Sa famille, qui partageait ses convictions, était parfaitement consciente des problèmes concernant le déliement de l'esprit au moment de son passage vers l'au-delà. Elle l'a gratifié d'un inestimable soutient et nous a offert un exemple édifiant d'équilibre de par son comportement qui nous a tous sensibilisés.

Il n'y avait aucun décor funèbre ; hormis des fleurs, beaucoup de fleurs et de la musique douce nous invitant à la méditation. La veuve et ses enfants recevaient les condoléances en toute sérénité, laissant couler de discrètes larmes qui apaisaient leur tristesse, dans une parfaite acceptation des Desseins Divins. On nous demandait du silence et de la prière.

Pendant deux ou trois heures, des textes et des messages spirites en rapport avec la mort, ont été lus, avec une voix posée. Ils attiraient notre attention et nous parlaient de notre responsabilité face à la situation de l'esprit pas encore complètement libéré de son corps physique, se trouvant juste au seuil de la Vie Spirituelle.

Il est tel un oiseau prêt à quitter la cage qui l'emprisonne, mais ses ailes sont encore fragiles et il a quelques inhibitions compréhensibles. Ces difficultés peuvent être aggravées ou minimisées selon les circonstances.

Avant que le cercueil ne soit définitivement fermé, à l'heure prévue, quelqu'un a brièvement parlé de la signification de la mort, indûment considérée comme la fin de la vie, alors qu'il s'agit d'un départ vers des horizons plus étendus, inaccessibles au regard humain. Une curieuse contradiction apparaissait :

Dans la dimension matérielle : la sensation de perte de l'être aimé, la tristesse, la douleur, la nostalgie...

Dans la dimension spirituelle : la joie de la famille et des amis, anticipant l'heureuse rencontre...

Ensuite, nous avons été invités à la prière, élevant notre pensée à Jésus, le divin intermédiaire de la tendresse et de la sollicitude pour tous, en faveur du passager de l'Eternité, lui souhaitant beaucoup de paix et un heureux retour à la Patrie Spirituelle.

Celui qui connaît les problèmes liés à la désincarnation, a le devoir de contribuer à ce que les veillées funèbres se passent dans un climat de respect envers le défunt.

Nous pouvons le faire en donnant notre propre exemple. Soyons mesurés. Cultivons le silence, parlons si cela s'avère strictement nécessaire et à voix basse. Faisons référence au mort avec discrétion. Evitons les souvenirs et les émotions capables de le perturber, principalement celles qui évoquent les circonstances de sa mort, surtout si celle-ci a été tragique. Et prions beaucoup en son intention.

Si nous n'arrivons pas à maintenir un comportement convenable face aux circonstances, il vaut mieux se retirer afin de ne pas grossir le concert dérangeant des voix et des vibrations qui nuisent et perturbent le mort.

EN SA FAVEUR

Ami,

Si tu cultives un principe religieux, sache que la mort n'est pas la fin. L'Esprit éternel, avec ses potentiels d'intelligence et de sentiments qui lui procurent son individualité, quitte tout simplement la prison de la chair, tel le papillon qui libre de sa chrysalide, part vers l'infini.

Nous distribuons ce message dans les chapelles ardentes de la ville de Bauru (Etat de Sao Paulo au Brésil) avec une bonne réceptivité de la part des gens. Ayant en vue les différentes croyances des personnes, nous évitons toute allusion plus spécifique des problèmes du déliement de l'esprit.

Néanmoins, rares sont ceux préparés à ce grand départ. Peu développent les ailes de la vertu et le détachement des choses de la Terre.

Il est donc compréhensible que le « mort » éprouve des difficultés d'adaptation à sa nouvelle réalité spirituelle, particulièrement s'il ne peut pas compter sur la coopération de ceux présents à la veillée mortuaire dans les heures qui précèdent l'enterrement.

Le bruit des conversations vides et des commentaires peu édifiants ainsi que les démonstrations houleuses du refus de la mort ou les déséquilibres de l'émotion, ont une répercussion négative sur sa conscience, lui procurant des sensations très pénibles.

S'il t'était très cher, considère qu'il a besoin de ton courage et de ta confiance en Dieu. Si tu n'acceptes pas la séparation, si tu questionnes les desseins de Dieu, ton désespoir l'atteint de plein fouet tel un vent d'angoisses destructeur...

S'il était un ami pour qui tu éprouvais de l'admiration, à qui tu vouais une considération spéciale, rend lui hommage en silence, respectant ainsi la transition solennelle qui lui ouvre de nouveaux chemins...

Si tu es présent par un devoir de solidarité, offre-lui dans l'intimité de ton cœur, la charité de la prière simple et spontanée qui soutiendra son esprit.

Souviens-toi qu'un jour, toi aussi tu te retrouveras dans la même situation, encore attaché aux impressions de la vie physique. Tu désireras ardemment que l'on respecte ta mémoire et que personne ne dérange la bonne marche de ton déliement. Tu apprécieras le silence et la prière, la sérénité et la compréhension avec lesquels, ta famille et tes amis te soutiendront pour traverser en toute sécurité les seuils de la Vie Eternelle...

LA VESTE DANS LA GARDE-ROBE

Les scènes les plus fortes des films d'horreur, celles qui nous donnent « la chair de poule », nous montrent généralement des cercueils et des cadavres.

Les cinéastes qui exploitent la peur morbide et ancestrale de la mort, le font pour répondre à la demande de ceux qui nourrissent le plaisir insolite d'avoir des émotions fortes. Un jour, ces professionnels seront obligés de choisir d'autres thèmes, lorsque les gens comprendront que le cercueil est juste une boite en bois garnie de tissu et que le cadavre n'est que l'habit en chair et en os d'une personne, qui après son stage sur Terre, est revenue à sa demeure d'origine : Le Monde Spirituel.

Il est ridicule d'avoir « la chair de poule » lorsque l'on regarde la garde-robe d'un familier qui est parti. Et pourtant, c'est exactement ce qui se passe. Nous connaissons des personnes qui systématiquement refusent d'être présentes aux veillées funèbres. Elles montrent une peur incontrôlable du contact avec des cercueils et des défunts même quand il s'agit d'une personne de leur famille. Elles ont probablement des traumatismes en rapport avec des événements tragiques de leur passé.

Mais dans sa grande majorité, le problème a son origine dans la façon inadéquate de se confronter avec le grand passage (ou la grande transition), conséquence d'une mauvaise formation dans la période enfantine.

Je me souviens que dans mes jeunes années, j'ai été amené à embrasser des familiers déjà morts et cela a été pour moi une contrainte. Le contact de mes lèvres avec des visages froids, pâles et rigides de personnes que j'avais connues pleines de vie, des gens proches que j'avais fréquentés et qui maintenant se présentaient inertes, solennels et sombres m'avait provoqué une aversion. Je me laissais dominer par les larmes de désespoir et par les plaintes de ceux qui se montraient peu modérés dans leurs démonstrations de douleur. Dans ma tête, l'idée de la mort était devenue quelque chose de terrible et d'épouvantable, une image que seulement à l'âge adulte, avec la connaissance du Spiritisme, j'ai réussi à effacer.

Il faut procurer beaucoup d'attention aux enfants pour qu'ils s'habituent à l'idée que nous sommes des esprits éternels portant des habits en chair et qu'un jour nous les quitterons, tel un vieux costume abandonné après un certain temps d'usage.

C'est de cette façon que nous devons présenter la mort aux enfants, quand ils s'apprêtent à voir un corps sans vie. Des explications avec un langage simple et en accord avec leur âge doivent leur être données : le papi, la tata, le papa ou quelqu'un d'autre de la famille ou de leur cercle social, est allé habiter dans un autre endroit où son nouvel habit sera tout neuf et plus beau.

L'exemple de sérénité et d'équilibre de la part des adultes est également important, offrant aux petits une vision plus adéquate de ce passage : il s'agit d'une séparation transitoire d'une personne qui n'est pas morte. Elle est simplement (à peine) partie.

LES AVERTISSEMENTS DE L'AU-DELÀ

Le Docteur Flavio Pinheiro, médecin spirite de la ville de Ibitinga (Etat de Sao Paulo-Brésil), est venu me voir un jour.

— Richard, je suis venu t'inviter à « un office funéraire »

— ? !

— Je veux que tu « recommandes mon âme à Dieu » en faisant la prière avant que je sois inhumé. Et je te prie de demander aux personnes présentes de ne pas me perturber avec leurs pleurs et leur tristesse.

— Que me dîtes-vous, Docteur ? Vous n'allez pas mourir de sitôt ! Vous avez encore beaucoup de dettes à payer !....

— Oui cher ami, je suis un grand pêcheur mais malgré tout je vais me désincarner. Je dois me soumettre à une très délicate chirurgie cardiaque dans un hôpital de la ville de Sao Paulo et je suis sûr de mon départ vers le Monde Spirituel.

J'ai refusé son pessimisme mais j'ai quand même accepté sa sollicitation.

Quelques jours plus tard, j'ai été convoqué pour tenir ma promesse. Le Docteur Flavio Pinheiro était décédé en pleine intervention chirurgicale.

* * *

Le mariage devait être simple, sans fête. Seulement la famille proche et quelques amis. Parmi ceux-ci, la jeune mariée tenait à ce que M. Caetano Aiel, vieux travailleur spirite de la ville de Bauru, qui lui était très cher, soit présent.

— Quand est prévue la cérémonie ? Demanda l'invité à la future mariée.

— Dans trois mois, lui répondit-elle.

— Alors il ne me sera pas possible...

— Allez-vous refuser mon invitation ? Je me fâche avec vous ! Votre présence est indispensable ! Annulez vos autres engagements... !

— Cet engagement-là, ma fille, je ne peux pas l'annuler. Les « gens de là-haut » par intuition m'ont dit que bientôt je partirai...

Deux mois plus tard, Caetano Aielo, qui n'avait aucun problème grave de santé, est tombé malade et est décédé en quelques jours

* * *

Nous avons ici deux exemples de prémonition. L'individu ressent une forte impression de ce qui va bientôt lui arriver (premier cas) ou se sent informé à ce sujet (deuxième cas).

De la même façon que certains animaux possèdent des mécanismes qui leur permettent de capter l'approche d'une tempête ou d'un tremblement de terre, avant qu'ils n'arrivent, il y a des personnes dotées d'une sensibilité spéciale leur permettant de prévoir bien à l'avance des événements futurs. Chez ces individus cette faculté est instinctive.

En ce qui concerne la mort, d'une manière générale, la prémonition démarre à partir de l'intervention des amis spirituels, dans le but d'aider le candidat à la désincarnation ainsi que sa famille. Au début, elle peut faire peur. Néanmoins, elle va préparer psychologiquement les personnes liées, d'une façon ou d'une autre, à l'événement, leur évitant tout désagrément les prenant au dépourvu ainsi que le choc de la surprise.

Et cela, surtout quand il s'agit de désincarnations tragiques, comme les accidents de la route. L'information prémonitoire peut être profondément consolatrice, car elle permet à la famille de comprendre qu'il n'y a rien eu de fortuit, d'occasionnel et encore moins d'indu. Il y a eu simplement, l'accomplissement des desseins divins, dans le programme des épreuves humaines.

L'ÉTRANGE CULTE

— Bonjour ! On se promène ?

— Oui, je vais rendre visite à mon fils...

— Comment ? N'est-il pas mort ?

— Si. Je vais au cimetière...

Ce dialogue surréaliste a lieu très fréquemment. Les personnes vont visiter leurs morts au cimetière. Elles leurs amènent des fleurs et s'occupent avec soin et tendresse de leurs tombes, leurs « dernier foyer ».

Certains courants religieux conseillent à leurs fidèles de leur amener des aliments ! Sans parler de la traditionnelle bougie « pour illuminer les chemins de l'Au-delà ».

Une fois, dans mon enfance, mes copains et moi, tous un peu terribles, nous sommes allés au cimetière pour voler des dizaines de bougies dans le but de les utiliser dans nos jeux.

Quand ma grand-mère, petite mémé italienne, très chère et aimée de nous tous, a eu connaissance de notre prouesse, elle nous a sévèrement réprimandés à cause de notre manque de respect. Et en obéissant à sa tradition religieuse, elle a ramassé toutes les bougies et les a toutes allumées dans la véranda de notre maison.

Elle nous a dit :

— les bougies à l'intention des âmes, doivent brûler jusqu'à leur fin !

J'ai rendu grâce au Ciel, lorsque j'ai vu qu'elle avait abandonné l'idée de me faire retourner au cimetière - il faisait déjà presque nuit - pour les rendre allumées à leurs « propriétaires ». Avec la générosité qui lui était propre, elle accepta mon argument : « il nous serait impossible d'identifier exactement les tombes d'où nous les avions enlevées. »

Il existe une incroyable déformation dans les conceptions à ce sujet. Nombreux sont ceux qui n'arrivent pas à assimiler pleinement l'idée que l'esprit éternel suit son destin dans le Monde Spirituel et qu'il laisse seulement au cimetière sa veste charnelle en décomposition n'ayant rien à voir avec son individualité, de la même façon que le costume d'un individu, n'est pas lui-même.

La fréquentation du cimetière devient un authentique « culte aux cadavres », qui disparaîtra au fur et à mesure que la créature humaine assimilera des notions plus vastes au sujet de la vie spirituelle.

Sachons que quand nous pensons intensément à ceux qui sont déjà partis, c'est comme si on les évoquait les attirant ainsi vers nous.

Donc, ne transformons pas les nécropoles en « salons de visites de l'Au-delà ». Il y a des endroits plus agréables pour ce contact surtout pour le « mort ». S'il s'est désincarné récemment et qu'il ne se trouve pas encore parfaitement adapté à sa nouvelle réalité, il se sentira perturbé de contempler son corps en décomposition.

LES FLEURS DE LA NOSTALGIE

Si nous voulons rendre hommage à la mémoire de nos êtres chers qui se trouvent dans l'Au-delà, choisissons l'endroit idéal : notre foyer.

Utilisons beaucoup de fleurs pour orner la Vie et dans l'intimité de notre foyer ; N'exaltons jamais la mort dans la froideur du cimetière.

Nos chers disparus préfèrent recevoir notre message de tendresse par le biais du courrier de la nostalgie, sans aucune connotation funèbre.

Il est bon de sentir la nostalgie. Cela signifie qu'il y a de l'amour dans nos cœurs, ce sentiment divin qui donne une raison et un objectif à notre existence.

Quand nous aimons vraiment, quand notre amour est pur et désintéressé, quand il est celui dont on trouve chez les mères son exemple le plus sublime, nous nous sentons forts, décidés et disposés à nous confronter aux défis du Monde.

Peut-être que Dieu a inventé l'illusion de la mort pour que nous puissions surmonter notre tendance millénaire à emprisonner l'amour dans le cercle fermé de l'égoïsme familial, nous apprenant ainsi à le cultiver en plénitude et fraternellement, au bénéfice de notre prochain, et nous amenant à des réalisations plus nobles.

Donc, ne laissons pas la nostalgie devenir pour nous, un motif d'angoisse et d'oppression. Faisons usage des filtres de la confiance et de la foi, l'apaisant avec la certitude que les liens affectifs ne finissent pas dans la tombe. L'Amour est l'essence de la Vie et si elle s'éteint, lui reste indestructible aux demeures de l'infini. Il est le pont sublime qui soutient, la communion indélébile entre la Terre et le Ciel…

Il y a deux raisons de ne pas entretenir la tristesse :

- Si nous avons de la nostalgie c'est parce que nous ne sommes pas morts…

- Si nos êtres aimés ne sont pas morts, eux aussi éprouvent de la nostalgie…

Et si dans ces moments d'évocation, nous sommes capables de prier avec ferveur et sérénité, en arrosant les fleurs de la nostalgie avec les bienfaits de l'espérance, nous sentirons leur présence parmi nous enveloppant doucement nos cœurs avec du parfum de la joie et de la paix.

L'INCINÉRATION

La peur d'être enterré vivant fait que les gens choisissent d'être incinéré. On brûle le cadavre, évitant ainsi ce problème. Mais il y a un doute qui suscite la question la plus fréquente lors de mes conférences au sujet de la mort :

— Si pendant l'incinération je me trouve encore attaché à mon corps physique, que se passera-t-il ?

Dans ce cas-là, je leur dis :

— A l'intérieur du four la température atteint mille quatre cents degrés centigrades. Si l'on considère que l'eau bout à cent degrés, nous pouvons avoir une idée de ce que cela représente. La chaleur est tellement intense que le corps entre en combustion. Alors, au milieu des flammes, si le décédé est embué de conceptions théologiques médiévales, terrorisé, il se dira : «Mon Dieu ! Je suis en l'enfer ! »

Il s'agit évidemment d'une blague destinée à détendre le public devant un thème si funèbre. N'importe quelle personne un peu éclairée, quelle que soit sa religion, sait que l'enfer du feu, où les âmes brûlent éternellement sans se consumer, est une fantaisie inventée à une époque lointaine, quand les principes religieux étaient imposés plutôt par la peur que par la logique. Nous savons aujourd'hui que le Ciel et l'Enfer ne sont pas des sites géographiques. Dans l'intimité de chacun, ils sont comme la conséquence de nos actions.

Nous pourrions répondre de façon objective à cette question, en informant que si l'esprit reste attaché à son corps physique, il ne subira pas de douleurs car la dépouille ne transmet pas de sensations à l'esprit. Mais il est certain qu'il ressentira des impressions extrêmement désagréables, au-delà du traumatisme découlant d'un déliement violent et intempestif. Il est opportun de connaître, à ce sujet, la vision de l'esprit Emmanuel dans son livre « 0 Consolador » (Le Consolateur), psychographie du médium brésilien Francisco Cândido Xavier.

« En ce qui concerne l'incinération, on se doit de requérir de la pitié envers les cadavres, en reculant le délai de la destruction des viscères matériels. D'une certaine façon, il y a toujours beaucoup d'échos de sensibilité entre l'esprit désincarné et son corps physique. Dans les premières heures suivant le déliement, le « tonus vital » s'éteint mais il reste encore des fluides organiques qui sollicitent l'âme pour les sensations de l'existence matérielle. »

Francisco Cândido Xavier, en 1971, dans un entretien pour l'ancienne télévision Tupi transmet une nouvelle information d'Emmanuel : Nous devons attendre au moins soixante-douze heures pour l'incinération. Selon lui, ce temps est suffisant pour le déliement, sauf lorsqu'il s'agit de suicidés ou de personnes très attachées aux vices et aux intérêts humains.

Dans le crématorium de la ville de Sao Paulo, le délai légal est de vingt-quatre heures mais le règlement permet que le corps reste à la morgue le temps souhaité par la famille. Des spirites demandent trois jours mais d'autres personnes en demandent sept.

Néanmoins, il est nécessaire de reconnaître qu'il est beaucoup plus important de vivre une existence équilibrée, garantie par l'effort de l'auto amélioration et de la pratique du Bien, que ces attentions vis-à-vis de l'acte d'incinération. Et cela afin qu'au moment de notre mort, quelle que soit la circonstance, nous puissions nous libérer rapidement, sans traumatisme d'aucune sorte et sans nous inquiéter de la destinée de notre corps physique.

LE DON D'ORGANES

L'avancement de la chirurgie et la découverte de drogues qui éliminent ou réduisent considérablement les problèmes de rejet, ouvrent d'amples horizons pour la transplantation d'organes. Actuellement, dans les grands centres chirurgicaux, les greffes de cornées, des os, de la peau, des cartilages et des vaisseaux sanguins, sont devenues de la routine. Celles du cœur, des reins, et du foie se multiplient et pourtant elles étaient, il y a quelques décennies, considérées comme irréalisables. De la même façon que les banques du sang sont apparues, celles spécialisées pour les yeux, les os, la peau... surgissent.

Si l'on considère que l'esprit ne se détache pas de son corps immédiatement après la mort, quelques doutes se présentent : Est-ce que l'esprit éprouvera des douleurs ? Est-ce qu'il subira des répercussions dans son périsprit ? S'il fait donation de ses yeux, souffrira-t-il de problèmes de vision dans le Monde Spirituel ?

Normalement, l'acte chirurgical n'est pas douloureux pour celui qui vient de décéder. Nous avons eu déjà l'occasion de préciser que l'agonie impose une sorte d'anesthésie générale au mourant avec des répercussions sur l'esprit qui tend à s'endormir dans les moments cruciaux de la grande transition. Même si l'esprit reste conscient, le corps en catalepsie, ne lui transmet généralement aucune sensation de douleur.

Il n'y a pas non plus, de réflexes traumatisants ou d'inhibitions sur le corps spirituel en ce qui concerne la mutilation du corps physique. Le donneur des yeux n'arrivera pas aveugle dans l'Au-delà. Si c'était le cas, que dire de ceux dont le corps a brûlé ou s'est désintégré dans une explosion ?

L'intégrité du périsprit est en rapport intime avec la vie que nous menons et non avec le style de mort que nous subissons ou à la destinée donnée à notre dépouille charnelle.

Il est important de faire ressortir que la plus grande violence qui puisse atteindre le périsprit et nous plonger dans les enfers de l'angoisse et de la douleur, c'est le suicide.

Nonobstant, il y a un problème à résoudre en ce qui concerne la transplantation : Quand il s'agit d'organes vitaux tels le cœur et le foie, la chirurgie doit avoir lieu immédiatement après la mort cérébrale (quand le cerveau ne fonctionne plus) avant même que la mort clinique, c'est-à-dire, l'arrêt cardiaque ait lieu.

De notre point de vue, cette pratique équivaut à l'euthanasie, car la mort clinique n'a pas toujours lieu tout de suite après la mort cérébrale.

D'une manière générale, pour ces transplantations, il s'agit d'organes de victimes d'accidents, les vasculaires inclus. Il n'y a pas de possibilité de greffer les organes de personnes mourant de vieillesse ou ayant subi une longue maladie. Or, pour le bénéfice de l'accidenté, il est important que malgré la constatation de la mort cérébrale, on permette à la Nature de suivre son cours afin de laisser la mort clinique arriver naturellement. Quelques heures, jours ou semaines dans cet état, même si ceci semble très contraignant et angoissant pour la famille, rendront la désincarnation moins traumatisante pour l'esprit.

Dans l'avenir, la Médecine développera certainement des techniques qui permettront l'ablation de ces organes vitaux après la mort complète du corps physique, évitant ainsi les mesures drastiques susceptibles de compliquer le processus de désincarnation.

UN ACTE MAJEUR DE CHARITÉ

La transplantation de la cornée est la plus simple de toutes, car les problèmes de rejet sont moindres et les résultats extrêmement heureux.

La chirurgie pour l'ablation des yeux est rapide, ne laisse pas de marques extérieures et peut être réalisée dans un délai allant jusqu'à six heures après le décès, ce qui évite le problème dont nous faisons référence dans le chapitre précédent (les dons d'organes).

Nous pouvons tous faire don de nos yeux, sans restrictions d'âge ou de circonstances de la mort. Dès l'instant que les cornés ne présentent aucune lésion, elles rendront toujours service.

Pour ce faire, il suffit d'aller s'inscrire à la banque des yeux de sa ville. Normalement elles se trouvent dans les hôpitaux. Dans les agglomérations plus petites, n'importe quel médecin ophtalmologue pourra renseigner sur ce sujet.

Parallèlement, informons les membres de notre famille sur ce qu'ils doivent faire dans l'éventualité de notre décès. Il est surtout nécessaire de leur faire prendre conscience qu'il n'est pas de leur compétence de contrarier les dispositions prises par nous-même au sujet du corps physique que nous quittons. Notre volonté doit être respectée.

Cette préoccupation est indispensable car quelqu'un doit autoriser la chirurgie. Fréquemment, personne ne souhaite le faire. A ce moment-là, prévalent les superstitions millénaires au sujet de la mort. Nombreux sont ceux qui, embués de vieux conditionnements, considèrent que le fait de tirer profit des organes du défunt est une profanation..

En plus d'être une attitude courageuse qui rompt avec les préjugés, le don des yeux est un acte majeur de charité. Imaginons notre joie dans le Monde Spirituel, quand nous constaterons que notre modeste offre, petite particule de notre ancien corps, assure à quelqu'un le plus précieux de tous les trésors : la faculté de voir !

Ne doutons pas que nous bénéficierons de nos amis spirituels d'une plus grande protection évitant que notre générosité ne nous cause des contraintes. Ils nous aideront à surmonter plus facilement les difficultés d'adaptation aux réalités de l'Au-delà.

A ce propos, il est opportun de faire référence à l'expérience du jeune Wladimir Cezar Ranieri, qui du Monde Spirituel raconte dans son livre « Amour e Saudade » (Amour et Nostalgie), conçu par Rubens Silvio Germinhasi avec des messages de psychographie de Francisco Cândido Xavier.

Wladimir avait fait don de ses yeux. Leur ablation a été pratiquée après qu'il se soit donné la mort en se tirant une balle dans le cœur. Nous transcrivons ci-après, des extraits des messages du jeune suicidé adressés à ses parents, où il parle des bienfaits reçus en tant que donneur, malgré son geste malheureux.

« Le suicidé est un prisonnier sans barreaux. »

« J'admets que les frères ayant des problèmes similaires aux miens, se reconnaissent en tant que prisonniers sans menottes et sans prison, parce que personne ne fuit de soi-même. »

« A Dieu grâce ! Je me remets de mon hémorragie incessante qui me rendait fou. Après quelques semaines de souffrance, un médecin est venu me voir pour m'apporter une bonne nouvelle. »

« Il m'a dit que les prières de la personne ayant bénéficié de la cornée dont j'ai fait don à la Banque des Yeux, se sont transformées, pour moi en petits tampons, qui, apposés sur ma poitrine blessée par le projectile, ont fait cesser immédiatement le flux sanguin. Et moi qui n'avais jamais pratiqué le bien envers mon prochain, toujours absent aux moments de servir, j'ai compris que le bien fait, même involontairement par une personne déjà morte, est en mesure de revigorer les forces de notre existence. »

UNE CURIEUSE OBSESSION

Lorsque nous ne faisons pas usage de la prière alors que nous refusons le départ d'un être cher, les tensions et l'amertume qui en découlent peuvent générer des problèmes de santé. Si nous refusons de chercher un nouvel équilibre pour notre routine quotidienne, afin de reprendre goût à la vie, nous subirons fatalement des désagréments physiques et psychiques compliqués.

Le plus étrange qu'il puisse paraître, c'est que la présence du disparu peut contribuer à une telle situation. S'il s'agit de quelqu'un ignorant les réalités de l'Au-delà, et ne comprenant pas sa nouvelle condition d'esprit libre du corps physique, il revient à son foyer et sans s'en rendre compte, se lie par la médiumnité aux composants du groupe familial. C'est la raison pour laquelle, certaines personnes ressentent les mêmes symptômes du mal qui l'affligeait. Si le décès a fait suite à un grave problème pulmonaire, les gens peuvent être pris par des douleurs dans la poitrine, par des sensations d'oppression, de manque d'air...

Par ce lien établi entre le défunt et sa famille, il transmet les impressions de sa maladie, toujours présentes en lui. Il agit tel un somnambule. Il parle et il entend mais il est très perturbé parce que personne ne fait attention à lui.

Le traitement médical aide mais ne résout pas le problème car il travaille sur les effets mais n'atteint pas les causes. La Doctrine

Spirite est bien placée, car très avancée à ce sujet, pour offrir une aide substantielle aux deux parties :

Au Centre Spirite la famille va bénéficier du passe magnétique, de l'eau magnétisée et d'une orientation qui lui permettra de comprendre la mort et ainsi d'avoir une vision objective de l'existence humaine.

Le désincarné qui d'une manière générale se trouve aimanté plus spécialement à l'un des membres du groupe familial, reçoit aussi une assistance efficace des amis spirituels. Il peut se manifester et en contact avec les énergies physiques du médium, il peut reprendre des forces et récupérer une certaine lucidité telle une personne se réveillant après un long sommeil et qui accepte d'être éclairée.

De cette façon, le processus involontaire d'obsession provoqué par celui qui est parti se défait. Il cherchait seulement du secours, du soutient, de l'attention...

Il est intéressant de remarquer que bien souvent, il est plus obsédé qu'obsesseur. Sans défense et sans connaissance du Monde Spirituel, il est attiré par sa famille lorsque celle-ci se laisse emporter par l'angoisse de la séparation. De ce fait, elle rentre dans un processus de fixation qui le perturbe et le retient même quand il se propose de suivre son chemin dans l'Au-delà.

Il est donc important d'éclairer les Esprits qui perturbent la famille mais il est aussi indispensable d'orienter la famille pour qu'elle ne perturbe pas les Esprits.

LE PLUS IMPORTANT

Devons-nous informer le patient en phase terminale de son état ? N'a-t-il pas le droit de savoir qu'il est condamné ? Et qu'en plus son heure approche ? Cela ne l'aiderait-il pas à se préparer pour la grande transition ? Il est difficile de répondre parce que rares sont ceux qui se trouvent confrontés à la mort avec sérénité.

La peur, l'insécurité, l'attachement à la vie et à la famille caractérisent les réactions de l'homme devant la mort et lui créent de sérieuses contraintes pour le déliement spirituel. Il est tel l'habitant d'une maison en ruine qui se refuse à admettre la nécessité de la quitter.

Dans les situations les plus critiques, il n'est pas rare de voir le patient en phase terminale se faire des illusions sur son état de santé, en nourrissant l'idée qu'il va s'améliorer. Et cela se passe même avec des gens intelligents et cultivés, qui disposent de toutes les conditions pour comprendre qu'ils se trouvent à la fin de leur parcours terrestre.

J'ai fait partie d'un groupe d'assistance spirituelle et pendant un certain temps nous avons accompagné un malade en phase terminale. Il s'agissait d'un monsieur d'âge avancé avec de graves problèmes circulatoires. Même affaibli et attaché au lit depuis son dernier spasme cérébral, il se montrait lucide et recevait avec joie nos réflexions sur « l'Evangile selon le Spiritisme », nos prières, les passes magnétiques et l'eau magnétisée.

Nous essayâmes de choisir des thèmes en rapport avec la mort, en la présentant comme une libération pour l'esprit. Avec beaucoup de précautions nous lui faisions remarquer que les personnes âgées se trouvent proches du grand voyage et qu'elles devraient se préparer pour leur retour au Monde Spirituel. Néanmoins le malade, même dans l'impossibilité de parler, bougeait vigoureusement la main et nous répondait avec une éloquente mimique : « Non, il ne prétendait pas mourir ! ».

Dans d'autres occasions, en agissant auprès des familles, nous avons été confrontés à de situations identiques, nous avons ressenti cette même résistance. Dans les moments cruciaux, bien proches de la fin, les parents du malade proclamaient avec certitude que le mal n'était pas si grave et qu'avec l'aide de Dieu, le patient pourrait le surmonter.

Nous sommes obligés d'en conclure que si le malade ne veut pas admettre la gravité de son état, qu'il oppose des résistances devant les perspectives de sa mort et qu'il continue de se faire des illusions sur sa maladie croyant à son rétablissement, il vaut mieux ne pas le contrarier.

Le plus important c'est de lui offrir de l'amour et de l'attention. Les deux extrémités de la vie se ressemblent. Comme le nouveau-né, le mourant est extrêmement dépendant, du point de vue physique et émotionnel. Il a besoin de beaucoup de soins et surtout il veut désespérément se sentir aimé, que les gens s'occupent de lui et savoir qu'il n'est pas un poids pour son entourage.

Il n'y a rien de plus triste pour un patient en phase terminale que la solitude et le fait de se sentir abandonné dans un lit d'hôpital où ses proches les plus chers adoptent l'attitude de simples visiteurs. Ils lui rendent visite, émus, sensibles à sa douleur mais ils sont toujours pressés à cause de leurs nombreuses obligations. Ils ne comprennent pas que leur plus grand devoir est de rester aux côtés de cet esprit tout près du départ, en lui offrant leur présence, leur sollicitude et leur considération !

LES RACINES DE LA STABILITÉ

Une recherche réalisée par la revue « Psychology Today » a conclu que ce que les gens appréhendent le plus, c'est la mort d'un être cher. De nombreuses personnes refusent simplement de réfléchir à cette possibilité, même s'il s'agit de parents âgés. Quant aux enfants, autant ne pas y penser... !

Il y a une tendance très humaine à minimiser les « racines » de sa stabilité émotionnelle, essentiellement dans le domaine de l'affectivité, et particulièrement pour celui qui touche à la famille. Ainsi, nous nous sentons rassurés et prêts à nous confronter aux défis de l'existence.

Le problème c'est que devant le décès d'une personne très chère à son cœur, l'individu se retrouve déstabilisé, comme si son monde s'effondrait, et il sombre dans le désespoir. Durant un certain temps, il se sent émotionnellement mutilé, sans soutient, découragé et sans envie de vivre...

Afin d'éviter de tels dommages, il est indispensable que nous apprenions à nous familiariser avec la mort. Nous devons l'accepter comme une condition d'évolution dans le monde où nous vivons et convenir que probablement avant qu'elle ne vienne nous chercher, elle emportera, soit dans de nombreuses années, soit dans quelques jours, quelqu'un que nous aimons.

Nous devrions toujours réfléchir à cette possibilité, sans être ni morbides ni pessimistes, mais seulement dans le but de nous entraîner à être réalistes.

Il ne s'agit pas d'assumer une froide rationalité, en réduisant nos êtres aimés à de simples pièces d'un jeu du destin que nous accepterions de perdre. En fait, il est question de la compréhension des mécanismes de la Vie afin de ne pas nous sentir au contact de la mort, comme s'il n'y avait plus de raison de vivre après le départ d'un être aimé.

Arrivée et départ, compagnie et solitude, union et séparation, vie et mort, sont des antithèses existentielles qui se répètent à l'horloge des siècles, travaillant notre personnalité dans la dynamique de l'évolution, en conformité avec les dessins sages et justes de Dieu.

Donc, pour notre propre bien, il est impératif que nous plantions d'autres « racines » de stabilité émotionnelle, à commencer par notre investissement dans l'accomplissement des finalités de notre existence terrestre. L'entente avec les êtres qui nous sont chers est importante, mais elle ne représente qu'une partie des motivations que nous devons cultiver. Il y en a d'autres, urgentes et fondamentales : l'amélioration intellectuelle et morale, l'effort d'auto réforme, la participation active dans le contexte social au service du Bien, le développement de valeurs spirituelles... Ces initiatives allument dans notre cœur la flamme divine de l'idéal, qui éclaire notre chemin et nous offre du réconfort et de l'assurance dans toutes les situations de notre vie.

En tant qu'enfants de Dieu, créés à son image et en similitude, quand nous cultivons l'idéal et développons nos potentialités créatrices, nous sommes plus aptes à aimer, à maintenir une meilleure harmonie avec la famille et l'entourage. Nous resserrons les liens d'affinité sans possessivité, ce qui nous permettra de maintenir l'équilibre et la sérénité quand la mort viendra chercher un de nos proches.

LES BIJOUX RENDUS

Il existe un mot-clé qui nous aide à nous confronter avec sérénité et équilibre à la mort d'un être cher : la soumission.

Elle exprime la disposition à accepter l'inévitable et atteste qu'au-dessus des désirs humains prévaut la volonté souveraine de Dieu qui nous offre l'expérience de la mort en faveur de l'amélioration de notre vie.

Â ce propos, il est opportun de rappeler une vieille histoire orientale : celle d'un rabbin juif, qui vivait très heureux avec son épouse vertueuse et ses deux admirables enfants, des jeunes hommes intelligents et courageux, aimants et disciplinés.

A cause de ses obligations professionnelles, il a dû partir pour un long voyage. Pendant son absence, un grave accident provoqua la mort de ses deux fils.

Nous pouvons imaginer la douleur de cette mère-! Nonobstant, il s'agissait d'une femme courageuse, qui soutenue par sa foi et son inébranlable confiance en Dieu, sut très dignement supporter le choc. Sa plus grande inquiétude, c'était son mari. Comment lui annoncer la terrible nouvelle ? Elle craignait qu'une forte commotion lui soit fatale car il souffrait d'une dangereuse insuffisance cardiaque. Elle pria et implora Dieu en lui demandant une inspiration. Le Seigneur ne la laissa pas sans réponse...

Quelques jours plus tard, le rabbin revint chez lui. Il arriva tard et fatigué après son long voyage, mais très heureux. Il embrassa tendrement sa femme et la questionna au sujet de l'absence ses enfants...

— Ne t'inquiète pas mon chéri, ils viendront plus tard. Va te baigner pendant que je prépare le dîner.

Assis à table, ils échangeaient des commentaires sur leur vie quotidienne dans une douce ambiance d'époux amoureux après une longue séparation.

— Mais où sont les enfants ? Ils tardent à arriver... ;

— Laisse les enfants». Je veux que tu m'aides à résoudre un grave problème...

— Que s'est-il passé ? Je te trouve abattue ! ... Parle ! Nous résoudrons ensemble le problème avec l'aide de Dieu ! ...

— Quand tu es parti en voyage, un de nos amis est venu me trouver et m'a confié la garde de deux bijoux d'une valeur inestimable. Ils sont extraordinairement précieux ! Je n'ai jamais rien vu d'égal ! Voici le problème : il viendra les chercher et moi je n'ai aucune envie de les lui rendre.

— Mais comment, femme ? Ton comportement me surprend ! Tu n'as jamais cultivé la vanité !...

— C'est que je n'ai jamais vu des bijoux comme ceux-là. Ils sont divins, merveilleux !...

— Mais ils ne t'appartiennent pas...

— Je n'arrive pas à accepter la possibilité de les perdre !

— Personne ne perd ce qu'il n'a pas. Les garder serait du vol !

— Aide-moi !...

— Bien sûr que je t'aiderai. Nous irons les rendre ensemble aujourd'hui même !

— D'accord mon chéri, que ta volonté soit faite. Le trésor sera rendu. En vérité cela a déjà été fait. Les bijoux étaient nos enfants. Dieu qui nous les a prêtés et laissés sous notre garde, est venu les chercher !...

Le rabbin compris le message et, malgré la grande douleur imposée par cette séparation, surmonta mieux ses émotions qui auraient été plus fortes et lui auraient fait encore plus de mal

Mari et femme s'embrassèrent émus, mélangeant les larmes qui coulaient doucement sur leurs deux visages. Et sans bruit de révolte où de désespoir, ils prononcèrent les saintes paroles de Job :

« Dieu donna, Dieu enleva. Béni soit le nom du Seigneur. »

Qui a peur de la mort ?

LE PASSEPORT

«Apprends à bien vivre et tu sauras bien mourir ».
Confucius

Après avoir réalisé une conférence sur la mort dans une ville de l'État de Rio Grande do Sul, je répondais aux questions du public. Une jeune femme me fit le commentaire suivant :

« Le thème m'a beaucoup impressionnée et c'est pour cela que, même n'étant pas spirite, je suis venue vous écouter. Mais, je dois vous avouer qu'après toutes vos explications, moi qui a toujours eu peur de la mort, maintenant j'en suis complètement épouvantée !... »

Heureusement cette réflexion pittoresque est une exception. Généralement, la peur de la mort découle d'un manque d'information. Je constate que de nombreuses personnes se préparent à s'y confronter en toute sérénité lorsqu'elles s'informent à son sujet.

Il est impératif de reconnaître que pour nous libérer de cette peur, il nous faut vivre en accord avec les réalités révélées par la Doctrine Spirite, qui définissent bien la signification de notre vie sur Terre.

Nous sommes des esprits éternels en transit, incarnés dans la chair. Nous ne pouvons pas ignorer que notre demeure définitive et légitime se situe dans le Monde Spirituel. Là-bas, de nouveaux stages d'évolution nous serons proposés, au fur et à mesure que nous surmonterons les impératifs des incarnations dans des mondes aussi denses que la Terre. Nos difficultés et limites actuelles fonctionnent comme des « limes » qui vont affiner nos imperfections les plus grossières.

Si nous faisons de nos incarnations une période de vacances, marquée par l'accommodation et par l'indifférence ; si nous les concevons comme un casino où miser sur un jeu irresponsable quant aux émotions ; si nous aspirons à un ciel artificiel soutenu par les vices et les passions ; si nous cultivons le sol trompeur des récoltes immédiates totalement éloignées des objectifs de l'existence, fatalement nous aurons peur de mourir, car tout cela nous tirera en arrière. Et quelque chose nous dit, au plus profond de notre cœur, qu'il nous sera réclamé des comptes sur notre vie et sur notre manque de préparation à la mort.

Ceux qui transitent, éloignés des finalités de la réincarnation, constaterons abattus et tristes, que la mort, cet ange libérateur qui devrait leur dévoiler les merveilleux horizons spirituels, va leur révéler les lourdes chaînes auxquelles ils se sont emprisonnés à cause de leur existence vécue d'une manière inconséquente, reportant l'effort à accomplir en vue de leur progrès spirituel.

Pour notre propre bénéfice, il nous est fondamental de développer une « conscience de l'éternité », reconnaissant que nous ne sommes pas de simples amas de cellules dotés d'intelligence ou des êtres biologiques qui surgiraient au berceau et disparaîtraient anéantis, dans la tombe.

Nous sommes des esprits éternels ! Nous avons déjà existé avant le berceau et nous continuerons à exister après la tombe ! Il faut vivre en fonction de cette réalité, dépassant les illusions mesquines afin que libres et sûrs, nous cherchions les valeurs de la vertu et de la connaissance car elles sont notre passeport pour les glorieuses demeures de l'infini !

Il est difficile de connaître le moment où nous serons appelés pour le grand voyage. La mort est comme un voleur. Personne ne sait comment, quand et où il viendra. L'idéal est d'être toujours prêt, en vivant chaque jour comme s'il était le dernier, profitant intégralement du temps qu'il nous reste dans l'effort discipliné et productif de celui qui fait de son mieux pour devenir meilleur. Alors, oui, nous ferons un heureux retour à la Patrie Spirituelle, comme nous le suggère ce vieux proverbe oriental :

« Quand tu es né, tous souriaient, toi seul pleurais. Vis de telle façon que quand tu mourras tous pleureront, toi seul, souriras ».

TABLE DES MATIÈRES